Daniel Krasa und Noelia Melero Gómez

¡VIVAN las vacaciones! NEU

Spanisch für die Reise | Für Einsteiger

Kursbuch mit Audios online

Hueber Verlag

Der kostenlose MP3-Download zum Buch, die App und der Lehrerleitfaden sind unter **www.hueber.de/reise** erhältlich.

4. 3. 2. | Die letzten Ziffern
2028 27 26 25 24 | bezeichnen Zahl und Jahr des Druckes.
Alle Drucke dieser Auflage können, da unverändert, nebeneinander benutzt werden.
1. Auflage

Umschlaggestaltung: Sieveking Agentur, München
Layout und Satz: Sieveking Agentur, München
Verlagsredaktion: Jürgen Frank, Nina Lötsch, Hueber Verlag, München
Druck und Bindung: Westermann Druck Zwickau GmbH, Zwickau
Printed in Germany
ISBN 978-3-19-317243-3

Art. 530_26886_001_02

Vorwort

Liebe Leserin, lieber Leser, liebe Spanien- und Lateinamerikafans,

Sie sind Sprachanfänger und spielen mit dem Gedanken, Spanisch für die Reise zu lernen? Dann ist unser Sprachkurs *¡Vivan las vacaciones! Neu* genau das Richtige für Sie. *¡Vivan las vacaciones! Neu* ist ein einbändiges Lehrwerk für Erwachsene, das unterhalb des Niveaus A1 angesiedelt ist. *¡Vivan las vacaciones! Neu* bietet einen entspannten und unterhaltsamen Einstieg in die spanische Sprache. Dabei konzentrieren sich die Inhalte auf das, was Sie für die sprachliche Bewältigung der wichtigsten Reisesituationen benötigen.

Die zwölf Lektionen, die jeweils eine Unterrichtseinheit abdecken, haben einen klaren Aufbau und in den Übungen trainieren Sie die Redewendungen und den Wortschatz auf abwechslungsreiche Weise. Auf eine Vertiefung der Grammatik wurde bewusst verzichtet, Grammatikliebhaber können aber im Anhang in einer systematischen Grammatikübersicht die wichtigsten Strukturen und Regeln nachschlagen. *¡Vivan las vacaciones! Neu* vermittelt darüber hinaus interessante Einblicke in die spanische Alltagskultur.

Nach Lektion sechs und zwölf können Sie in zwei Tests Ihren Kenntnisstand überprüfen. Im Anhang befinden sich zusätzlich zu dem Grammatiküberblick die Lösungen der Übungen sowie ein alphabetisches Wortschatzverzeichnis Spanisch – Deutsch.

Jede Lektion beginnt mit einer kurzen Übung, die in das jeweilige Thema einführt und Ihr Vorwissen aktivieren soll. Es folgen zwei Dialoge zu den wichtigsten Situationen einer Reise. Die in den Dialogen vorkommenden Redewendungen und Satzmuster werden in der Rubrik „Worauf es ankommt" erläutert und in der Randspalte übersichtlich zum Lernen dargestellt. Zur Sicherheit bieten wir die deutsche Übersetzung sämtlicher Dialoge in den Lösungen im Anhang. Unter dem Motto „Ein bisschen Grammatik" werden einige für das Verständnis wichtige Grammatikstrukturen behandelt. Neben jeder Dialogseite finden Sie eine Übungsseite *(Ejercicios)*, wo Sie das soeben Gelernte selbst anwenden können. Geübt werden insbesondere Aussprache („Verständnis und Aussprache"), Hörverstehen („Hören und verstehen") sowie die sprachliche Eigenproduktion. In der Rubrik *Lo más importante de un vistazo* („Das Wichtigste auf einen Blick") sind nochmals alle Redemittel der Lektion übersichtlich zum Lernen und Sichselbsttesten zusammengestellt. Abgeschlossen wird jede Lektion durch zwei informative Seiten in spanischer Sprache zum Thema Landeskunde mit nützlichen Hintergrundinformationen und interessanten Porträts von einigen spanischen Städten und Regionen. Die deutschen Übersetzungen dieser Texte finden Sie im Anhang.

Die Dialoge, Aussprache- und Hörverständnisübungen sowie die Rubrik *Lo más importante de un vistazo* sind als kostenloser MP3-Download verfügbar.

Die vertonten Texte sind im Buch jeweils mit dem Symbol gekennzeichnet. Die Zahl neben dem Symbol gibt die Nummer der zugehörigen Audio-Datei an. Mit unserer kostenlosen *Hueber Media*-App können Sie mithilfe von Smartphone oder Tablet unkompliziert und schnell auf die Audio-Dateien zugreifen. Den kostenlosen MP3-Download, die App sowie weitere Informationen und Hinweise – speziell für die Kursleitenden – finden Sie im Internet unter: **www.hueber.de/reise**

Zusätzlich zum Buch bieten wir alle Sprachaufnahmen auch auf einer Audio-CD an (ISBN 978-3-19-327243-0).

Wir wünschen Ihnen viel Vergnügen, Erfolg und vor allem *¡Buen viaje!* – Gute Reise!
Autoren und Verlag

Inhalt

Kurssprache Spanisch

1 Was sagt der Kursleiter / die Kursleiterin?

¿Entiende? / ¿Ha entendido?
Verstehen Sie? / Haben Sie verstanden?

¿Puede / Puedes leer, por favor?
Können Sie / Kannst du bitte lesen?

¿Ha terminado?
Sind Sie fertig?

¡Hasta la próxima semana!
Bis nächste Woche!

Abra el libro en la página ...
Öffnen Sie das Buch auf Seite ...

2 Wie sage ich es im Kurs?

Leider kann ich nächstes Mal nicht kommen.
Lamentablemente no puedo venir la próxima vez.

Ich weiß es nicht.
No lo sé.

Ich verstehe nicht. / Ich habe nicht verstanden.
No lo entiendo. / No lo he entendido.

Welche Übung sollen wir machen?
¿Qué ejercicio debemos hacer?

Ich habe eine Frage.
Tengo una pregunta.

Können Sie / Kannst du es an die Tafel schreiben?
¿Puede / Puedes escribirlo en la pizarra?

Können wir die CD bitte noch einmal hören?
¿Podemos escuchar el CD otra vez?

Ich bin noch nicht fertig.
Todavía no he terminado.

Können Sie / Kannst du bitte langsamer sprechen?
¿Puede / Puedes hablar más despacio, por favor?

1

Erster Kontakt – Primer contacto

Schon längst bekannt, nicht wahr?

So ein bisschen Spanisch kann doch jeder. Sicher haben Sie die eine oder andere der folgenden Floskeln schon mal gehört. Können Sie ihnen jeweils die richtige deutsche Übersetzung zuordnen?

1. Buenos días.	a. Wie geht es dir?
2. Adiós.	b. Hallo
3. Hola.	c. Danke.
4. ¿Cómo estás?	d. Auf Wiedersehen.
5. Gracias.	e. Guten Morgen.

Was Sie in dieser Lektion lernen:
- wie man jemanden begrüßt und sich verabschiedet.
- wie man jemanden nach dem Befinden fragt.
- wie man jemanden vorstellt.
- wie man jemanden willkommen heißt.

Weltsprache *español*
Spanisch ist Muttersprache von rund 450 Millionen Menschen. Es ist Amtssprache in Spanien, Argentinien, Äquatorialguinea, Bolivien, Chile, Costa Rica, der Dominikanischen Republik, Ecuador, El Salvador, Guatemala, Honduras, Kolumbien, Kuba, Mexiko, Nicaragua, Panama, Paraguay, Peru, Puerto Rico, Uruguay und Venezuela.

Herr & Frau
señora
Frau ..., meine Dame

señor
Herr ..., mein Herr

Das werte Befinden
¿Cómo está? / ¿Cómo estás?
Wie geht's?

¿Cómo está usted?
Wie geht es Ihnen?

(Estoy) bien.
(Mir geht es) gut.

Muy bien.
Sehr gut.

También (estoy) bien.
(Mir geht es) auch gut.

(No) estoy mal.
(Nicht) schlecht.

Regular.
Es geht so.

Más o menos.
So lala. / Einigermaßen.

Jemanden vorstellen
Le presento a ...
Ich stelle Ihnen ... vor.

mi esposa/mi mujer
meine (Ehe-)Frau

mi marido
meinen (Ehe-)Mann

mi novio
meinen (festen) Freund

mi novia
meine (feste) Freundin

Aussprache
g vor a, o und u wie g in „Gans"
g vor e und i wie ch in „Bach"
c vor a, o und u wie k in „Kopf"
c vor e und i wie das englische th in „thing", in Südspanien, auf den Kanaren und in Lateinamerika wie s in „dass"

Buenos días. ¿Cómo está usted?

Hören Sie den Dialog und setzen Sie die fehlenden Ausdrücke ein. ▶ 1

Adiós – Buenos días – ¿Cómo está usted?

- ● ________________, señor García.
- ■ Buenos días, señora Domínguez.
- ● ________________
- ■ Muy bien, gracias. ¿Y usted?
- ● Estoy bien, gracias. Le presento a mi marido Jorge.
- ▲ Un placer.
- ■ Les presento a mi esposa Marta.
- ◆ Encantada.
- ● Aquí está nuestro tren. Hasta pronto, señores.
- ■ ________________ y buen viaje.

Worauf es ankommt

Begrüßung
Morgens (bis ca. 12 Uhr): buenos días *(guten Morgen/guten Tag)*. Nachmittags und abends (ab ca. 12 Uhr bis zum Sonnenuntergang): buenas tardes *(guten Tag/guten Abend)*. Nachts: buenas noches *(gute Nacht)*.

Verabschiedung
Förmlich: adiós *(auf Wiedersehen)* oder etwas lockerer: hasta pronto *(bis bald)* oder hasta luego *(bis dann)*. Zusätzlich: Wünsche wie buen viaje *(gute Reise)* oder buen día *(einen schönen Tag)*.

Sehr erfreut!
Lernt man jemanden kennen, sagt man un placer, mucho gusto oder encantado/encantada *(alle: sehr erfreut/angenehm)*.
Bei der dritten Variante sagt der Mann encantado und die Frau encantada.

Ein bisschen Grammatik

Man unterscheidet im Spanischen männliche und weibliche Hauptwörter. Die bestimmten Artikel heißen el für männliche und la für weibliche Hauptwörter.

el marido	der Ehemann
el señor	der Herr
la señora	die Dame
la esposa	die Ehefrau

Bitte beachten Sie: Vor Fragen und Ausrufen/Befehlen steht im Spanischen zusätzlich ein umgekehrtes Frage- bzw. Ausrufezeichen!

Ejercicios

1 Verständnis und Aussprache

Verstehen Sie die folgenden Wörter und Sätze? ▶ 2
Dann sprechen Sie sie bitte nach!

1. Buenos días.
2. ¿Cómo está usted?
3. Bien, gracias.
4. ¿Y usted?
5. Encantado.
6. Adiós.

2 Welche Antwort passt?

Hier macht nur eine Antwort Sinn. Wissen Sie, welche?
Gut, dann spielen Sie das mit Ihrem Tischnachbarn einmal durch.

1. Buenas tardes
   a. Buenas tardes.
   b. Gracias, ¿y usted?
2. ¿Cómo está usted?
   a. Un placer.
   b. Muy bien, gracias.
3. Le presento a mi esposa.
   a. Adiós.
   b. Encantado.
4. ¿Cómo está?
   a. Regular.
   b. Buen viaje.

3 Hören und verstehen

Hören Sie sich aufmerksam den Text an ▶ 3
und beantworten Sie die Fragen.

1. ¿Cómo está María?
   a. Está bien.
   b. Está muy bien.
2. ¿Cómo está Enrique?
   a. No está mal.
   b. No está bien.
3. ¿Cómo está el señor Luis?
   a. Está regular.
   b. No está mal.
4. ¿Cómo está la señora Tur?
   a. Está más o menos.
   b. Está bien.

4 Was passt zueinander?

Finden Sie die deutsche Entsprechung jedes spanischen Satzes?

1. Buenos días.
2. Adiós.
3. No estoy mal.
4. Bien, gracias.
5. Mucho gusto.

a. Es geht mir nicht schlecht.
b. Gut, danke.
c. Sehr erfreut.
d. Auf Wiedersehen.
e. Guten Morgen.

5 Bitte nachspielen

Spielen Sie jeweils zu viert den Dialog A nach und improvisieren Sie mit den Ihnen bekannten Sätzen und Floskeln.

- ● Buenos días, señor Schmidt, ¿cómo está usted?
- ■ Bien, gracias. ¿Y usted?
- ● ...

Hola, ¿cómo estás?

Hören Sie den Dialog. Wie geht es Antonio? ▶ 4

● Hola, Raquel, ¿cómo estás?
■ ¡Hola, Antonio! Estoy bien, ¿y tú, qué tal?
● Bueno, regular. Estoy muy cansado hoy.
■ ¡Pobre!, lo siento. Mira, este es Carlos, un amigo.
● Hola, Carlos.
▲ Hola, Antonio.
● ¿Y tu amiga?
■ No es mi amiga, es mi prima. Se llama Ana.
● Bienvenida a Barcelona, Ana.
◆ ¡Gracias!

Worauf es ankommt

Begrüßung & Verabschiedung unter Freunden
Begrüßung: hola *(hallo)* oder buenas *(grüß dich/grüß euch)*.
Verabschiedung: nos vemos *(man sieht sich)* oder hasta la próxima *(bis zum nächsten Mal)*.

Willkommen
Zu einem Mann: bienvenido. Zu einer Frau: bienvenida.
Zu mehreren Männern oder gemischten Gruppen: bienvenidos.
Zu einer Gruppe von Frauen: bienvenidas.

Ein bisschen Grammatik

Verben in der 1. Person Einzahl enden in der Gegenwart meistens auf *-o*, in der 2. Person auf *-s*, für die 3. Person gibt es verschiedene Endungen.

(yo) presento	**ich stelle vor**
(tú) eres	**du bist**
(tú) estás	du bist/befindest dich
(él/ella) es	er/sie ist
(él/ella) está	er/sie ist/befindet sich
usted es	Sie sind
usted está	Sie sind/befinden sich

Ausnahmen:

(yo) soy	ich bin
(yo) estoy	ich bin/befinde mich

Wie geht's?
¿Qué tal?
Wie geht es dir denn so?
¿Cómo estás?
Wie geht es dir?

Was man halt so ist ...
Estoy ...
Ich bin ...
ocupado/ocupada
beschäftigt
cansado/cansada
müde
enfermo/enferma
krank

Mitleid
¡Pobre!
Armer (Teufel)!

Sorry!
lo siento
es tut mir leid

Jemanden vorstellen
Te presento a ...
Ich stelle dir ... vor.
mi amigo
meinen Freund
mi amiga
meine Freundin
mi compañero
meinen Lebenspartner
mi compañera
meine Lebenspartnerin
mi colega
meinen Kollegen/meine Kollegin
mi hermano / mi primo
meinen Bruder / meinen Cousin
mi hermana / mi prima
meine Schwester / meine Cousine
(Él/Ella) se llama ...
Er/Sie heißt ...

Ejercicios

1 Verständnis und Aussprache

Verstehen Sie diese Wörter und Sätze? ▶ 5
Dann sprechen Sie sie bitte nach!

1. Hola.
2. ¿Cómo estás?
3. No estoy muy bien.
4. ¿Y tú, qué tal?
5. Estoy muy cansado hoy.
6. Nos vemos.

2 Neue Bekannte

Jeder stellt den anderen jeweils drei Kursteilnehmer vor. Die folgenden Wörter können alle darin vorkommen, selbst wenn Sie etwas schwindeln müssen.

primo = Cousin
prima = Cousine

Hola, ... Te presento a mi ...

1. amigo/amiga
2. compañero/compañera
3. hermano/hermana
4. primo/prima
5. colega

3 Willkommen heißen

Welche Form von bienvenido passt zur Begrüßung für diese Personen? Bitte verbinden Sie die Satzteile – doch Vorsicht, denn in einigen Fällen gibt es mehrere Möglichkeiten.

1. Sebastián,
2. María del Carmen,
3. Cristina y Rodolfo,
4. Carlos y Enrique,
5. Ana y Marta,
6. Pablo, Juan y Raquel,

a. bienvenida a Madrid.
b. bienvenidos a Barcelona.
c. bienvenidas a Sevilla.
d. bienvenidos a Granada.
e. bienvenido a Valencia.
f. bienvenidos a Ibiza.

4 Was passt zueinander?

Finden Sie die deutsche Entsprechung jedes spanischen Satzes?

1. Hola.
2. ¿Cómo estás?
3. ¡Lo siento!
4. No estoy bien.
5. Estoy muy enferma.
6. Él se llama Carlos.

a. Wie geht es dir?
b. Er heißt Carlos.
c. Hallo.
d. Es geht mir nicht gut.
e. Ich bin sehr krank.
f. Das tut mir leid!

5 Bitte nachspielen

Spielen Sie den Dialog B in der Gruppe nach und improvisieren Sie mit den Ihnen bekannten Sätzen und Floskeln.

- ● Hola, Óscar, ¿cómo estás?
- ■ Bien, gracias. ¿Y tú, cómo estás?
- ● ...

Lo más importante de un vistazo

Freunde & Verwandte ▶ 6

esposa/mujer
Ehefrau

marido
Ehemann

prometida
Verlobte

prometido
Verlobter

compañera
Lebenspartnerin/-gefährtin

compañero
Lebenspartner/-gefährte

novia
feste Freundin

novio
fester Freund

amiga
Freundin

amigo
Freund

hermana
Schwester

hermano
Bruder

Begrüßung	
buenos días	guten Morgen/guten Tag
buenas tardes	guten Tag/guten Abend
buenas noches	guten Abend/gute Nacht
hola	hallo
buenas	grüß dich/euch
Verabschiedung	
adiós	auf Wiedersehen
hasta pronto	bis bald
hasta luego	bis dann
nos vemos	man sieht sich
hasta la próxima	bis zum nächsten Mal
Wünsche	
buen viaje	gute Reise
buen día	einen schönen Tag
buena suerte	viel Glück
Sehr erfreut!	
ein Mann sagt: encantado *eine Frau sagt:* encantada	sehr erfreut
un placer/mucho gusto	angenehm
Befinden	
¿Cómo está?	Wie geht's?
¿Cómo está (usted)?	Wie geht es Ihnen?
¿Cómo estás?	Wie geht es dir?
(Estoy) bien.	(Mir geht es) gut.
(Estoy) muy bien.	(Mir geht es) sehr gut.
También estoy bien.	Mir geht es auch gut.
No estoy mal.	Nicht schlecht.
Regular.	Es geht so.
Más o menos.	So lala. / Einigermaßen.
No estoy bien.	Mir geht es nicht gut.
No estoy muy bien.	Mir geht es nicht besonders gut.
Vorstellung	
Le presento a ...	Ich stelle Ihnen ... vor.
Te presento a ...	Ich stelle dir ... vor.
¿Quién es (él)?	Wer ist er?
¿Quién es (ella)?	Wer ist sie?

Was mir sonst noch wichtig ist

TÚ Y USTED

¿Vosotros sabíais?

En España habitualmente la gente se tutea de manera mucho más frecuente y mucho antes que en otros países. Se trata de usted a personas desconocidas y mayores, aunque estos le tuteen. Quien trata de usted a su interlocutor, debe dirigirse a él o ella utilizando *señora...* o *señor...* seguido del apellido. Si se desconoce el apellido, puede decir solamente *señora* o *señor*. Esto suena mucho menos anticuado que en alemán. La palabra *señorita* para mujeres jóvenes todavía se escucha a veces, aunque desaparece lentamente del lenguaje de la generación joven. ¿Y qué pasa con los títulos? Bueno, estos tienen poca importancia. Suplementos como *Dr.* (doctor), *Dra.* (Doctora) o *Lic.* (Licenciado/-a = Master) usualmente se usan solo en recepciones oficiales, conferencias o en la tarjeta de visita.

Ceremonias de bienvenida

Entre los desconocidos, es común en España darse la mano. Entre conocidos, familiares y amigos, se dan dos besos en las mejillas, generalmente uno en la derecha y otro en la izquierda. Las mejillas se tocan y se besa "en el aire" en dirección a la oreja. Este beso es común entre hombres y mujeres, así como entre mujeres y mujeres; los hombres no suelen besarse entre ellos en España.

¡VAMOS A ESPAÑA!

Para empezar

¡Felicidades! Ha terminado con éxito la primera lección de este curso y puede empezar a defenderse lingüísticamente durante una estancia en España. Ya sea para visitar la Península Ibérica como turista de playa o cultural, con conocimientos básicos de español será bienvenido de norte a sur. En toda España existen innumerables oportunidades para pasar un tiempo verdaderamente inolvidable, ya sea para el descanso, para pasar unas vacaciones activas, por la gastronomía o gracias a la oferta cultural.

Los puntos turísticos más destacados, además de las grandes ciudades como Madrid, Barcelona, Sevilla o Santiago de Compostela, son las regiones costeras de Cataluña, Valencia y Andalucía, las Islas Baleares en el Mediterráneo y las Islas Canarias en el Atlántico. Pero la cordillera de los Pirineos, la salvaje costa norte y la meseta central también le invitan a pasar unas vacaciones de ensueño. En definitiva, si desea explorar España, con los conocimientos básicos de la lengua española "en su bolsillo", su estancia tendrá el éxito asegurado.

2

Sich kennenlernen – Conocerse

Was Sie in dieser Lektion lernen:
- wie man die Nationalität, den Beruf, den Familienstand und den Namen erfragt und angibt.
- wie man fragt, ob jemand Kinder oder Geschwister hat.

Wichtige Ländernamen
Alemania (Deutschland), **Austria** (Österreich), **Francia** (Frankreich), **Grecia** (Griechenland), **Inglaterra** (England), **Italia** (Italien), **Holanda** (Holland), **Polonia** (Polen), **Portugal** (Portugal), **España** (Spanien), **Suiza** (Schweiz), **Turquía** (Türkei)

Nicht immer ganz leicht!

Viele unserer Städte haben eigene spanische Namen. Können Sie jedem spanischen Namen seine deutsche Entsprechung zuordnen?

1. Hamburgo	a. Zürich
2. Aquisgrán	b. Mainz
3. Colonia	c. Wien
4. Múnich	d. Nürnberg
5. Maguncia	e. Aachen
6. Núremberg	f. Köln
7. Viena	g. Hamburg
8. Zúrich	h. München

Soy alemán. Y usted, ¿de dónde es?

Hören Sie den Dialog. Woher kommt der Mann? ▶ 7

- Disculpe, ¿está libre?
- Sí.
- Gracias.
- Perdone, usted no es español, ¿verdad?
- No, soy alemán. Y usted, ¿de dónde es?
- Yo soy española, de Málaga, pero ahora trabajo aquí en Madrid.
- Málaga, ¡qué ciudad tan bonita!
- Y usted, ¿de qué ciudad de Alemania es?
- Soy de Berlín.
- ¿Está en Madrid para hacer turismo?
- No, vivo aquí. Mi mujer es española.
- ¡Ah! ¡Qué suerte!

Worauf es ankommt

Höflichkeitsfloskeln
Perdone *(verzeihen Sie)*, disculpe *(Entschuldigung)*, gracias *(danke)* oder muchas gracias *(vielen Dank)*. Darauf antwortet man: de nada *(bitte sehr, keine Ursache)*.

Herkunft
Soy ... *(Ich bin ...)* alemán *(Deutscher)*, italiano *(Italiener)*, inglés *(Engländer)*, francés *(Franzose)*, español *(Spanier)*, polaco *(Pole)*, portugués *(Portugiese)*, turco *(Türke)*. Aber auch: Soy de ... *(Ich bin aus ...)* Madrid, Barcelona, Sevilla usw.

Welchen Beruf?
Man fragt: ¿En qué trabaja usted? *(Was arbeiten Sie?)* bzw. ¿En qué trabajas? *(Was arbeitest du?)*. Alternativ hört man: ¿Cuál es su/tu profesión? *(Was sind Sie/bist du von Beruf?)* Wichtig ist auch die Frage: ¿Dónde trabaja usted? *(Wo arbeiten Sie?)* bzw. ¿Dónde trabajas? *(Wo arbeitest du?)*

Ein bisschen Grammatik

Männliche Haupt- und Eigenschaftswörter, die auf -o oder einen Konsonanten enden, können weiblich werden, wenn man -o durch -a ersetzt bzw. ein -a anhängt:

alemán *(Deutscher)* → alemana *(Deutsche)*, italiano *(Italiener)* → italiana *(Italienerin)*, español *(Spanier)* → española *(Spanierin)*, polaco *(Pole)* → polaca *(Polin)* usw.

Welche Nationalität?
¿Usted es español/a?
Sind Sie Spanier/in?
¿Eres español/a?
Bist du Spanier/in?
¿(Usted,) de dónde es?
Woher sind Sie?
¿(Tú,) de dónde eres?
Woher bist du?
(No,) soy ...
(Nein,) ich bin ...
alemán/alemana
Deutscher/Deutsche
austriaco/-a
Österreicher/in
suizo/-a
Schweizer/in
Vengo de ...
Ich komme aus ...
Soy de ...
Ich bin aus ...
Vivo en ...
Ich wohne in ...

Arbeit
Trabajo en ...
Ich arbeite in/bei ...
un banco
einer Bank
una oficina
einem Büro
una compañía de seguros
einer Versicherung
una tienda
einem Geschäft
un supermercado
einem Supermarkt

Aussprache
ñ wie nj in „Anja“
j wie ch in „Bach“

Ejercicios

1 Verständnis und Aussprache

Sicher verstehen Sie die folgenden Sätze. Na dann bitte mal nachsprechen! ▶ 8

1. Perdone, ¿está libre?
2. Mi marido es de Berlín, y usted, ¿de dónde es?
3. Trabajo en un banco. Y usted, ¿dónde trabaja?
4. ¿Está usted aquí para hacer turismo?
5. Y usted, ¿de qué ciudad de España es?
6. No vivo aquí, vivo en Málaga.

2 Bitte ordnen Sie

In dieser Übung sind die Sätze eines Dialogs durcheinandergeraten. ▶ 9
Können Sie sie so ordnen, dass sie wieder einen Sinn ergeben? Zur Kontrolle hören Sie sich den Dialog an und spielen ihn mit Ihrem Nachbarn nach.

__ ¡Qué ciudad tan bonita! ¿Y en qué trabaja?
__ No, soy alemán. Pero vivo en Barcelona.
__ Adiós y buen viaje.
__ Trabajo en un banco, ¿y usted?
_1_ Perdone. Usted no es español, ¿verdad?
__ No trabajo. Estoy aquí para hacer turismo.

3 Passende Formulierungen

Finden Sie auf der vorherigen Seite die passenden Formulierungen für folgende Gesprächssituationen.

1. fragen, ob der Sitzplatz frei ist
2. jemanden nach seiner Herkunft fragen
3. sagen, dass man in der Stadt ... wohnt
4. sagen, dass man in einem Büro arbeitet
5. sagen, dass man in einer Bank arbeitet
6. sagen, dass der Ehemann Spanier ist

4 Was passt zueinander?

Welche Nationalität haben folgende Personen?
Können Sie immer einer Person eine Nationalität zuordnen?

1. DJ Ötzi	a. es español.
2. Jean Reno	b. es francés.
3. Monica Bellucci	c. es austriaco.
4. Fernando Alonso	d. es italiana.
5. Heidi Klum	e. es suizo.
6. Roger Federer	f. es alemana.

Nationalitäten
alemán/alemana (Deutsche/r), **austriaco/-a** (Österreicher/in), **suizo/-a** (Schweizer/in), **italiano/-a** (Italiener/in), **inglés/inglesa** (Engländer/in), **francés/francesa** (Franzose/Französin), **español/a** (Spanier/in), **polaco/-a** (Pole/Polin), **turco/-a** (Türke/Türkin)

5 Etwas Fantasie

Jeder Kursteilnehmer gibt sich einen Fantasienamen und erzählt etwas über seine erfundene Herkunft, seinen Beruf usw. Und zwar als Interview mit dem Tischnachbarn.

- ● Hola, soy María Sánchez.
- ■ Hola, señora Sánchez, ¿de dónde es?
- ● Soy española, de Madrid.
- ■ ¿Y en qué trabaja?
- ● Trabajo en una tienda.

Wie ist der werte Name?
Me llamo ...
Ich heiße ...

... ¿y usted/tú?
... und Sie/du?

¿Cómo se llama su marido/esposa?
Wie heißt Ihr Ehemann/Ihre Ehefrau?

Se llama ...
Er/Sie heißt ...

¿Usted es el señor ...?
Sind Sie Herr ...?

¿Tú eres Pedro?
Bist du Pedro?

Wer hat, der hat ...
¿(Usted) tiene ...?
Haben Sie ...?

¿(Tú) tienes ...?
Hast du ...?

(No) tengo ...
Ich habe (nicht/kein[e]) ...

hijos
Kinder

hermanos
Geschwister

aber:

Tengo que ...
Ich muss ...

Berufe
(Yo) soy ...
Ich bin ...

abogado/-a
Anwalt/Anwältin

estudiante
Student/in

médico/-a
Arzt/Ärztin

profesor/a
Lehrer/in, Professor/in

traductor/a
Übersetzer/in

¿Cómo te llamas?

Hören Sie den Dialog. Was ist Heike von Beruf? ▶ 10

- ● Hola. Tú eres Heike, ¿verdad?
- ■ Sí, sí ... y tú, ¿cómo te llamas?
- ● Me llamo Antonio, soy un amigo de Carmen.
- ■ ¡Ah! ¡Sí, es verdad! Hola, Antonio.
- ● Tú eres francesa, ¿no?
- ■ No, no. Soy alemana, de Fráncfort.
- ● Ah bien, ¿y estás sola en España?
- ■ No, estoy aquí con mi hermana y mi hija.
- ● ¡Ah! ¿Estás casada?
- ■ Estoy separada. ¿Y tú?
- ● Yo estoy casado y tengo un hijo. ¿Y qué haces en España?
- ■ Soy traductora y trabajo mucho aquí.
- ● ¡Qué interesante!
- ■ Bueno, ahora tengo que trabajar.
- ● Sí, claro. Hasta pronto.
- ■ Adiós.

Worauf es ankommt

Nomen est Omen
Nach dem Namen fragt man: ¿Cómo te llamas? *(Wie heißt du?)* bzw. ¿Cómo se llama usted? *(Wie heißen Sie?)* oder ¿Cuál es tu/su nombre? *(Wie ist dein/Ihr Name?)*

Herkunft
Estoy ... *(Ich bin ...)*: casado/-a *(verheiratet)*, divorciado/-a *(geschieden)*, separado/-a *(getrennt)* – aber soy viudo/-a *(Witwer/Witwe)*.

Ein bisschen Grammatik

Die unbestimmten Artikel heißen für männliche Hauptwörter un: un hijo *(ein Sohn)* oder un hermano *(ein Bruder)* und für weibliche una: una hija *(eine Tochter)* oder una hermana *(eine Schwester)*.

Noch etwas Grammatik

Vergleichen Sie (yo) soy *(ich bin)* für Nationalität, Namen, Charaktereigenschaften etc. und (yo) estoy *(ich bin)* für veränderliche Zustände, Ortsangaben usw. Ebenso (tú) eres *(du bist)* oder (tú) estás *(du bist)* bzw. (él/ella) es *(er/sie ist)* oder (él/ella) está *(er/sie ist)*, (usted) es *(Sie sind)* oder (usted) está *(Sie sind)*.

Ejercicios

1 Verständnis und Aussprache

Verständnis und Aussprache sind das A und O jeder Sprache. ▶ 11
Bitte wiederholen Sie die folgenden Sätze.

1. Tú eres Raquel, ¿verdad?
2. ¿Cómo te llamas?
3. Me llamo Francisco, ¿y tú?
4. Soy alemán y mi esposa es española.
5. Perdone, ¿usted tiene hermanos?
6. Soy estudiante de español en Fráncfort.

2 Welches Verb passt?

Lesen Sie die Sätze aufmerksam und ergänzen Sie die fehlenden Verbformen für „sein" – doch Vorsicht: im Spanischen gibt es zwei Varianten für dieses Verb.

estoy – está – soy – estás – es – eres

1. ¿Cómo ____________ ?
2. Tú ____________ de Berna, ¿verdad?
3. Mi hermana ____________ casada.
4. ¿Usted ____________ español?
5. ____________ muy cansado hoy.
6. ____________ austriaco, ¿y tú?

3 Hören und verstehen

Hören Sie sich aufmerksam den Text an und beantworten Sie folgende Fragen. ▶ 12

1. ¿Cómo se llama la esposa de Rafael?
   a. Se llama Silke.
   b. Se llama Carmen.
2. ¿Silke es alemana?
   a. No, es austriaca.
   b. Sí, es alemana.
3. Y está casada, ¿verdad?
   a. Sí, está casada.
   b. No, está divorciada.

4 Können Sie die beiden Spalten zuordnen?

Ordnen Sie den deutschen Sätzen die spanischen Entsprechungen zu.

1. Bis bald.
2. Arbeitest du in Spanien?
3. Wie heißt deine Tochter?
4. Sind Sie Lehrer?
5. Bist du verheiratet?
6. Und hast du Geschwister?

a. ¿Y tienes hermanos?
b. ¿Usted es profesor?
c. Hasta pronto.
d. ¿Estás casado/-a?
e. ¿Trabajas en España?
f. ¿Cómo se llama tu hija?

5 Berufe raten

Suchen Sie sich aus der Liste auf Seite 20 einen Beruf aus.
Ihr Nachbar soll ihn nach dem folgenden Gesprächsmuster erraten.

- ● Hola, Günter, tú eres médico, ¿verdad?
- ■ No, no soy médico.
- ● ¿Eres abogado?
- ■ No, soy ingeniero. Yu tú, eres ..., ¿verdad?

Lo más importante de un vistazo

Berufe 13

abogado/-a
Anwalt/Anwältin

arquitecto/-a
Architekt/in

médico/-a
Arzt/Ärztin

dependiente/-a
Verkäufer/in

estudiante
Student/in

profesor/a
Lehrer/in, Professor/in

ama de casa
Hausfrau

pensionista
Rentner/in

operario/-a
Arbeiter/in

empresario/-a
Unternehmer/in

comerciante
Händler/in

ingeniero/-a
Ingenieur/in

traductor/a
Übersetzer/in

funcionario/-a
Beamter/Beamtin

conductor/a
Fahrer/in

Nationalität und Herkunft

¿Usted es español/a?	Sind Sie Spanier/in?
¿Eres español/a?	Bist du Spanier/in?
No eres español, ¿verdad?	Du bist kein Spanier, nicht wahr?
¿De dónde es (usted)?	Woher sind Sie?
¿De dónde eres (tú)?	Woher bist du?
Vengo/Soy de ...	Ich komme/bin aus ...
Vivo en ...	Ich wohne in ...

Beruf

¿En qué trabaja (usted)?	Was arbeiten Sie?
¿En qué trabajas?	Was arbeitest du?
¿Cuál es su/tu profesión?	Was sind Sie/bist du von Beruf?
¿Dónde trabaja (usted)?	Wo arbeiten Sie?
¿Dónde trabajas?	Wo arbeitest du?
Soy ...	Ich bin ...
Trabajo ...	Ich arbeite ...
en un banco	bei einer Bank
en una oficina	in einem Büro
en una compañía de seguros	bei einer Versicherung
en una tienda	in einem Geschäft
en un supermercado	in einem Supermarkt

Familienstand

¿(Usted) está casado/-a?	Sind Sie verheiratet?
¿(Tú) estás casado/-a?	Bist du verheiratet?
Estoy ...	Ich bin ...
casado/-a	verheiratet
divorciado/-a	geschieden
separado/-a	getrennt
Soy viudo/-a.	Ich bin Witwer/Witwe.

Name

¿Cómo se llama (usted)?	Wie heißen Sie?
¿Cómo te llamas?	Wie heißt du?
Me llamo ...	Ich heiße ...
Soy ...	Ich bin ...

Alter

¿Qué edad tiene (usted)?	Wie alt sind Sie?
¿Cuántos años tiene (usted)?	Wie alt sind Sie?
¿Cuántos años tienes?	Wie alt bist du?
Tengo 20 (veinte) años.	Ich bin 20.
Tengo 21 (veintiún) años.	Ich bin 21.

Was mir sonst noch wichtig ist

LA FAMILIA

¿Vosotros sabíais?

Las familias españolas antes eran más grandes que sus equivalentes en Europa central. Aunque en la Península Ibérica la tendencia hoy en día es de uno o dos niños como máximo, a menudo estos viven con sus padres hasta que forman su propia familia. Además, la sociedad española es menos móvil que la de otros países de Europa. Durante toda la vida muchos españoles permanecen fieles a su ciudad natal y, a menudo, a su vecindario, y por lo tanto también al entorno familiar. Eso tiene la ventaja de que el cuidado de los niños, por ejemplo, no suele suponer un problema. El abuelo y la abuela tradicionalmente asumen el papel de niñera para los padres que trabajan y los vecinos forman automáticamente una especie de familia extendida. Por otro lado, hay más puntos de contacto entre generaciones, por lo que a menudo da la impresión de que la jerarquía familiar sigue siendo fuerte.

MADRID – LA CAPITAL ACTIVA

¡No se lo pierda! – Lugares de interés

En medio de todo el bullicio de la capital de España, tal vez quiera saber dónde quedan aún restos del ambiente antiguo y tranquilo que caracterizó a Madrid hasta los años cincuenta. Pruébelo en el *Barrio de la Latina*. Este barrio se encuentra en el centro histórico de la ciudad y vale la pena explorarlo a través de sus calles sinuosas, las numerosas zonas peatonales y los lugares románticos. Aquí uno puede recuperarse del estrés de la metrópolis en las cafeterías, con sus acogedoras terrazas, y en los innumerables bares. Y si aún no ha planificado una velada cultural, ¿qué tal visitar un espectáculo en el *Teatro de la Latina*?

¡Que aproveche! – Especialidades regionales

La cocina madrileña ha sido influenciada por prácticamente todas las regiones del país. Por eso es un destino ideal para un pequeño viaje gastronómico a través de todas las especialidades españolas. Aquí se encuentran los mejores churros de todo el país, que tradicionalmente se toman con una taza de chocolate caliente para el desayuno. Realmente local es el *cocido madrileño*, un estofado de garbanzos, verduras y carne, así como los *callos a la madrileña*, callos de carne asada. Si eso le parece demasiada carne, pruebe los deliciosos *espárragos de Aranjuez*, o platos de pescado como el *besugo al horno*, *merluza a la madrileña* (merluza rellena) o *soldaditos de Pavía* (bacalao empanado). Lo típico es concluir la cena con una copa de *chinchón*, un brandy de anís amargo.

Para especialistas – Consejos de expertos

Si ya no quiere más estrés en su visita turística, relájese en el corazón de Madrid en las vastas extensiones del *Parque del Buen Retiro*, que mide 1,4 km^2, y recargue las pilas para la noche. Eso es lo que va a necesitar, porque en los distritos de la vida nocturna, como *Malasaña* o *Chueca*, las noches son largas, y no solamente los fines de semana.

3

Unterwegs – En camino

Unterwegs vor Ort?

Ob im Zug oder mit dem eigenen Auto, wer Spanien bereist, sollte ein Gefühl dafür haben, wo die größten Städte des Landes liegen. Finden Sie diese Orte auf der Karte?

1. Madrid
2. Barcelona
3. Valencia
4. Bilbao
5. Sevilla
6. Palma de Mallorca
7. Santiago de Compostela
8. Cádiz

Was Sie in dieser Lektion lernen:
- wie man nach der Uhrzeit fragt.
- wie man die Uhrzeit angibt.
- wie man fragt, wann man ankommt und wo man umsteigen muss.
- wie man nach dem Weg fragt.
- wie man fragt, welches Verkehrsmittel man nehmen muss.

RENFE (Red Nacional de Ferrocarriles Españoles)
Mit etwa 14.000 Angestellten und rund 15.000 km Streckennetz das wichtigste Eisenbahnunternehmen im Personen- und Güterverkehr in Spanien. Für Online-Buchungen: **www.renfe.es**

Uhrzeit
¿Qué hora es?
Wie viel Uhr ist es?
¿Qué hora tenemos?
Wie spät haben wir es?
Umgangssprachlich nur im 12-Stunden-Takt (1=13, 2=14 usw.)
Es la una.
Es ist 1 Uhr.
Es mediodía.
Es ist Mittag (12 Uhr).
Es medianoche.
Es ist Mitternacht (0 Uhr).
Son las dos/tres/cuatro/...
Es ist 2/3/4/... Uhr.
¿A qué hora sale el tren?
Wann fährt der Zug ab?
¿A qué hora llega el tren?
Wann kommt der Zug an?
¿A qué hora llegamos a ...?
Wann kommen wir in ... an?
A la una.
Um 1 Uhr.
A las dos/tres/cuatro/...
Um 2/3 /4/... Uhr.

Orientierung
¿Qué estación es esta?
Welche Station/Welcher Bahnhof ist das?
¿Dónde estamos?
Wo sind wir?
¿Estamos en ...?
Sind wir in ...?
No, es la próxima.
Nein, es ist die nächste.
No, faltan dos estaciones.
Nein, es ist die übernächste.

Aussprache
Nicht verwechseln: cuatro (vier) und cuarto (Viertel)!

¿A qué hora llegamos?

Hören Sie den Dialog. Wohin möchte die Frau reisen? 14

- ● Perdone, ¿qué hora es?
- ■ Son las dos y media.
- ● ¿A qué hora llegamos a Córdoba?
- ■ ¿A Córdoba? ¡Este tren no va a Córdoba!
- ● ¿Cómo?
- ■ Para ir a Córdoba tiene que cambiar de tren en Sevilla. Es la próxima estación.
- ● ¿Y cuándo llegamos?
- ■ No lo sé exactamente, pero podemos preguntar al revisor.
- ▲ Billetes, por favor.
- ● Aquí tiene. Perdone, ¿a qué hora llegamos a Sevilla?
- ▲ Llevamos diez minutos de retraso. El tren llega a las tres y cuarto al andén ocho.
- ● Muchas gracias.
- ▲ De nada. ¡Buen viaje!

Worauf es ankommt

Zahlen 0–12
cero *(0)*, uno *(1)*, dos *(2)*, tres *(3)*, cuatro *(4)*, cinco *(5)*, seis *(6)*, siete *(7)*, ocho *(8)*, nueve *(9)*, diez *(10)*, once *(11)*, doce *(12)*

Uhrzeit
Nur bei 1 Uhr sowie mediodía *(Mittag)* und medianoche *(Mitternacht)*: Es ..., z. B. Es la una. *(Es ist 1 Uhr)*. Ansonsten: Son ..., z. B. Son las siete. *(Es ist 7 Uhr.)* Außerdem: Es/Son ... y media. *(Es ist halb ...)*; Es/Son ... y cuarto. *(Es ist Viertel nach ...)*; Es/Son ... menos cuarto. *(Es ist Viertel vor ...)*

Ein bisschen Grammatik

Verben in der 1. Person Mehrzahl enden im Präsens auf -mos, für die 3. Person Einzahl gibt es bekanntlich verschiedene Endungen.
(nosotros*) llegamos *(wir kommen an)*, (nosotros) tenemos *(wir haben)*, (él/ella) llega *(er/sie kommt an)*, (usted) llega *(Sie kommen an)*, (él/ella) tiene *(er/sie hat)*, (usted) tiene *(Sie haben)*.

Noch etwas mehr Grammatik

Die Präposition a und der Artikel el werden zusammengezogen: al.
Ebenso de und el: del.

* Es gibt im Spanischen auch eine weibliche Form von „wir“: nosotras (siehe auch Seite 112).

Ejercicios

1 Verständnis und Aussprache

Sprechen Sie bitte diese Sätze nach! Wenn Sie sich den A-Dialog gut durchgelesen haben, sollte auch das Verständnis keine Probleme machen. ▶ 15

1. Perdone señora, ¿qué hora es?
2. Son las seis y media.
3. ¿Cuándo llegamos a Madrid?
4. Llevamos diez minutos de retraso.
5. El tren sale a las tres y cuarto del andén cinco.
6. Llegamos a las cuatro menos cuarto.

2 Welche Verben passen?

Oh je, hier fehlt doch was! Lesen Sie die Sätze in der Gruppe und ergänzen Sie für sich die fehlenden Verben.

tiene – va – llevamos – preguntar – sale – llegamos

1. ____________________ cinco minutos de retraso.
2. ¿A qué hora ____________________?
3. Este tren no ____________________ a Jerez de la Frontera.
4. Usted ____________________ que cambiar de tren en Murcia.
5. Podemos ____________________ al revisor.
6. El tren a Córdoba ____________________ a las cuatro.

3 Welche Zahlen sind das?

Erkennen Sie all diese Zahlen? Dann übersetzen Sie sie bitte – abwechselnd mit Ihrem Tischnachbarn – ins Deutsche.

1. nueve	4. seis	7. cuatro	10. uno
2. ocho	5. cinco	8. once	11. diez
3. doce	6. tres	9. dos	12. siete

4 Wer hat an der Uhr gedreht?

Setzen Sie die angegebenen Uhrzeiten in den Beispielsatz ein, am besten abwechselnd mit Ihrem Tischnachbarn.

¿Qué hora es? – Son **las tres y media.**

1. 3.30	4. 5	7. 2.45	10. 6.30
2. 7.15	5. 12	8. 0	11. 8.45
3. 4.45	6. 1.30	9. 11.15	12. 10

5 Bitte nachspielen

Spielen Sie das Gespräch zwischen dem Fahrgast und dem Kontrolleur in Zweiergruppen nach. Die gefetteten Wörter können ausgetauscht werden. Orientieren Sie sich anhand der Karte auf Seite 23 und erfinden Sie Uhrzeiten.

- ■ Billetes, por favor.
- ● Aquí tiene. Perdone, ¿este tren va a **Sevilla**?
- ■ No **señora**, usted tiene que cambiar de tren en **Valencia**.
- ● ¿A qué hora llegamos a **Valencia**?
- ■ A **las cinco y media.**
- ● Gracias.
- ■ De nada. ¡Buen viaje!

Was man vielleicht sucht
la parada de autobús
die Bushaltestelle
la parada de taxis
der Taxistand
la estación del metro
die U-Bahn-Station
la estación central
der Hauptbahnhof
la oficina de turismo
die Touristeninformation

Wo genau?
Está aquí.
Es ist hier.
Está aquí enfrente.
Es ist hier gegenüber.
Está ahí.
Es ist dort.
¿Está lejos (de aquí)?
Ist es weit (von hier)?
Está cerca.
Es ist in der Nähe.
Tiene que coger ...
Sie müssen ... nehmen.

Verkehrsmittel
el metro
die U-Bahn
el taxi
das Taxi
el autobús
der Bus
el tranvía
die Straßenbahn
Debe bajarse en ...
Sie sollen/müssen in ... aussteigen.
Tiene que cambiar en ...
Sie müssen in ... umsteigen.

Auf und zu
Está abierto/-a.
Er/Sie/Es ist geöffnet.
Está cerrado/-a.
Er/Sie/Es ist geschlossen.

Está un poco lejos.

Hören Sie den Dialog und setzen Sie die fehlenden Ausdrücke ein. ▶ 16

parada de autobús – billete – oficina de turismo – plaza

- Disculpe, ¿dónde está la ______________________ ?
- Está ahí, pero hoy está cerrada. Hay otra en la Plaza de España.
- ¿Está lejos de aquí?
- Un poco sí.
- ¿Puedo ir a pie?
- Lo mejor es coger el autobús. El C3.
- Muy bien. ¿Sabe dónde está la ______________________ ?
- Sí, está justo ahí enfrente. Debe cruzar la ______________________ .
- ¿Dónde compro el ______________________ ?
- En el autobús, al conductor.
- Gracias.
- De nada. Adiós.

Worauf es ankommt

Wo ist ...?

Nach einem Ort fragt man: ¿Dónde está ...? *(Wo ist ...?)*, ¿Dónde está el autobús (que va) a Marbella? *(Wo ist der Bus nach Marbella?)* oder ¿Dónde está Mauricio? *(Wo ist Mauricio?)*

Hier und da

aquí *(hier)*, ahí *(da)*, allí *(dort)*

Ein bisschen Grammatik

Einige wichtige (unregelmäßige) Verben:

(yo) debo	ich soll
(él/ella, usted) debe	er/sie soll, Sie sollen
(yo) tengo que	ich muss
(él/ella, usted) tiene que	er/sie muss, Sie müssen
(yo) puedo	ich kann
(él/ella, usted) puede	er/sie kann, Sie können

Noch etwas Grammatik

Die Grundform der Verben endet auf -ar, -er oder -ir, z. B. cambiar *(ändern, umsteigen, wechseln)*, estar *(sein, sich befinden)*, llegar *(ankommen)*, coger *(nehmen)*, poder *(können)*, ir *(gehen)* und salir *(abfahren, ausgehen, herauskommen)*.

Ejercicios

1 Verständnis und Aussprache

Verstehen Sie diese Sätze? Bitte sprechen Sie sie nach. ▶ 17

1. ¿Dónde está la estación?
2. ¿Dónde compro el billete?
3. Allí, debe cruzar la plaza.
4. Lo mejor es coger un taxi.
5. ¿La Plaza de España está cerca?
6. Está un poco lejos. No puede ir a pie.

2 Ordnung ist die halbe Übung!

Dieser Dialog ist ziemlich durcheinandergeraten. Können Sie ihn zusammen mit Ihrem Tischnachbarn wieder richtig ordnen?

__ Sí, debe bajarse en la Plaza de España.
__ Sí, está muy lejos. No puede ir a pie.
__ Está aquí enfrente.
__ ¿Es mejor coger el metro?
_1_ Disculpe, ¿la oficina de turismo está lejos?
__ Muy bien, pero ¿dónde está la estación del metro?

busca = er/sie sucht

3 Hören und verstehen

Hören Sie sich aufmerksam den Text an und entscheiden Sie sich für die richtige Antwort auf die Fragen. ▶ 18

1. ¿Qué busca Pedro?
   a. La oficina de turismo.
   b. La parada de taxis.
2. ¿Está lejos de aquí?
   a. Sí, está lejos.
   b. No, no está lejos.
3. ¿Está abierta hoy?
   a. No, está cerrada.
   b. Sí, está abierta.

4 Bitte vervollständigen

Setzen Sie die vorgegebenen Wörter in den Mustersatz ein.

¿Cómo llego **allí**? – Tiene que **coger el tranvía**.

1. allí – coger el tranvía
2. a la Plaza del Parque – coger un taxi
3. al centro – ir andando
4. a Granada – coger el autobús
5. a la Plaza Colón – coger el metro
6. a Bilbao – coger el tren

5 Bitte erklären

Erklären Sie den anderen Kursteilnehmern, wie man zu a., b., c. und d. kommt.

■ Perdone, ¿dónde está **la oficina de turismo**?
● Tiene que cruzar **la plaza** y ahí puede coger ... Debe bajarse en ...
■ Gracias.
● De nada. Adiós.

a. la oficina de turismo
b. la estación central
c. la Plaza de España
d. la Plaza del Parque

Lo más importante de un vistazo

Was man so sucht 19

la parada de autobús
die Bushaltestelle

la parada de taxis
der Taxistand

la estación del metro
die U-Bahn-Station

la estación central
der Hauptbahnhof

la oficina de turismo
die Touristeninformation

la sala de espera
der Wartesaal

Verkehrsmittel

el metro
die U-Bahn

el taxi
das Taxi

el autobús
der Bus

el tranvía
die Straßenbahn

Im Zug

¿Qué estación es esta?	Welche Station/Welcher Bahnhof ist das?
¿Qué parada es esta?	Welche Haltestelle ist das?
¿Dónde estamos?	Wo sind wir?
¿Estamos en la estación central?	Sind wir am Hauptbahnhof?
No, es la próxima (estación).	Nein, es ist der nächste (Bahnhof).
No, faltan dos estaciones/paradas.	Es ist der übernächste Halt.
¿Adónde va este tren?	Wohin fährt dieser Zug?
¿Este es el tren que va a ...?	Ist das der Zug nach ...?
¿Este tren para en ...?	Hält dieser Zug in ...?
No, tiene que cambiar de tren en ...	Nein, Sie müssen in ... umsteigen.
¿Cuánto falta para llegar a ...?	Wie lange dauert es noch, bis wir in ... ankommen?
Faltan tres horas.	Drei Stunden.

Am Bahnhof

¿Qué tren debo coger para ir a ...?	Welchen Zug muss/soll ich nach ... nehmen?
Tiene que coger el tren a ...	Sie müssen den Zug nach ... nehmen.
¿De qué andén sale el tren a ...?	Von welchem Gleis fährt der Zug nach ... ab?
Sale del andén cinco.	Er fährt von Gleis 5 ab.
¿Hay que picar el billete?	Muss man die Fahrkarte entwerten?
¿Llega el tren a su hora?	Ist der Zug pünktlich?
El tren lleva retraso.	Der Zug ist verspätet.
Llevamos un retraso de ... minutos.	Wir sind ... Minuten verspätet.

Uhrzeit

¿Qué hora es?	Wie viel Uhr ist es?
¿Qué hora tenemos?	Wie spät haben wir es?
Es la una.	Es ist 1 Uhr.
Es mediodía.	Es ist Mittag (12 Uhr).
Es medianoche.	Es ist Mitternacht (0 Uhr).
Son las dos/tres/cuatro/...	Es ist 2/3/4/... Uhr.
¿A qué hora sale el tren?	Wann fährt der Zug ab?
¿A qué hora llega el tren?	Wann kommt der Zug an?
¿A qué hora llegamos a ...?	Wann kommen wir in ... an?
A la una.	Um 1 Uhr.
A las dos/tres/cuatro/...	Um 2/3/4/... Uhr.
A las cinco y media.	Um 5.30 Uhr.
A las seis y cuarto.	Um 6.15 Uhr.

Was mir sonst noch wichtig ist

MEDIOS DE TRANSPORTE

¡A pie!

No necesita un vehículo para desplazarse… En España, los viajeros capaces de caminar mucho tienen muchas oportunidades de pasar un tiempo inolvidable. La estrella del turismo en senderismo es, por supuesto, el famoso *Camino de Santiago* hasta Santiago de Compostela. Pero hay también rutas menos conocidas como la *Ruta de l'Ermita* – que dura cinco días – en el *Parque Natural del Cadï-Moixeró* en los Pirineos, la caminata por la *Sierra Mariola* al sur de Valencia o la *Sierra de Grazalema*, una de las zonas de senderismo más hermosas del sur de Andalucía.

Dentro de la ciudad

Los billetes individuales para autobús, metro y tranvía se compran normalmente en la máquina o directamente al conductor. En los *quioscos*, llamados también *estancos*, se obtienen tanto bonos de diez viajes como billetes turísticos (*tarjeta turística*). Normalmente hay que validar los billetes en los respectivos medios de transporte.

¿Vosotros sabíais?

En España viajar en tren es práctico y barato. Para distancias más largas, los vuelos nacionales son una alternativa sensata, especialmente porque a menudo hay ofertas muy baratas. La salida de los trenes, aviones o autobuses se especifica siempre con la hora exacta: *El tren sale a las 10:27* (*diez y veintisiete*).

BARCELONA – LA METRÓPOLIS JÓVEN

¡No se lo pierda! – Lugares de interés

Es cierto que Barcelona es un "viejo conocido" para los entusiastas de las vacaciones urbanas, y muchos veteranos anhelan los días en que las hordas de turistas no acaparaban todavía la metrópolis del Mediterráneo. Incluso así vale la pena sumergirse en las estrechas calles del *Barrio Gótico* y quizás consumir unas cuantas tapas y una clara – así se llama aquí a un vaso de cerveza con un chorrito de limón – en un lugar bonito como la *Plaza de San Felipe Neri*. Después debería dedicar un tiempo al *Art Nouveau* catalán, llamado *modernismo*. Merece la pena una visita a las obras mundialmente famosas de Antoni Gaudí, como la *Sagrada Familia* o el *Parc Güell*, pero también a las menos conocidas como el *Hospital de la Santa Creu i Sant Pau* o el *Palacio de la Música Catalana*, ambas de Lluís Domènech y Montaner.

¡Que aproveche! – Especialidades regionales

El mejor lugar en Barcelona para una inspiración gastronómica es el *Mercat de Sant Josep*, también llamado *Boquería*, que se encuentra directamente en las Ramblas. Aquí están todos los ingredientes que se procesan en la cocina local, incluidos los pescados, como el majestuoso rape, que se come normalmente *a la marinera*. No debe perderse el guiso de pescado llamado *suquet de peix*, la variedad de ensalada más popular de la ciudad llamada *xató* (de endibia y bacalao) con la deliciosa *salsa romesco* (hecha de pimientos y frutos secos), y por supuesto las muchas creaciones dulces como los *bunyols* (rosquillas de levadura) o *panellets* (pasteles hechos de mazapán, almendras y piñones) que no se comen solo en días de fiesta.

Para especialistas – Consejos de expertos

Barcelona es legendaria por su vida nocturna. Los barrios con las noches más cortas son *Gracia*, *Born* o *l'Eixample*, y una visita a uno de los innumerables bares forma parte del verdadero "ambiente de Barcelona". ¿Y dónde se desarrolla la vida cotidiana? Explórelo dando un paseo desde la *Montaña de Montjuic* hasta la *Plaza de España* y en la cercana zona comercial alrededor de la *Calle Cruz Cubierta* en el distrito de *Sants*. Desde aquí está a tiro de piedra de la bonita *Plaza de Osca* o del *Parque de la España Industrial*.

4

Ein Zimmer suchen – Buscar una habitación

Die richtige Unterkunft gefunden?

In Spanien haben Sie eine große Auswahl an Übernachtungsmöglichkeiten. Können Sie sich unter den folgenden etwas vorstellen? Wenn nicht, finden Sie auf Seite 37 mehr Informationen dazu. Wo übernachten Sie, wenn Sie in Spanien sind?

1. hotel
2. hotel rural
3. parador
4. camping
5. hostal
6. pensión
7. albergue juvenil

Was Sie in dieser Lektion lernen:
- wie man eine Unterkunft sucht.
- wie man das Datum angibt.
- wie man ein Telefongespräch führt.
- wie man ein Hotelzimmer reserviert.

Oficina Española de Turismo
Die staatlichen spanischen Fremdenverkehrsämter informieren unter:
www.tourspain.es
www.spain.info

Zimmer
Man sagt **habitación** oder **cuarto** (**cuarto** ist umgangssprachlicher).

Hotelsuche
Busco un hotel.
Ich suche ein Hotel.

¿Me puede dar ...?
Können Sie mir ... geben?

el número de teléfono
die Telefonnummer

la dirección
die Adresse

Datum
¿Para cuándo?
Für wann?

Para esta noche.
Für diese Nacht.

Para mañana.
Für morgen.

Para el uno/cinco de agosto.
Für den 1./5. August.

¿Para cuántas noches?
Für wie viele Nächte?

Para tres noches.
Für drei Nächte.

Del tres al cinco de agosto.
Vom 3. bis zum 5. August.

Was für ein Zimmer?
una habitación doble
ein Doppelzimmer

una habitación individual
ein Einzelzimmer

una habitación de matrimonio
ein Zimmer mit Doppelbett

¿Cuánto cuesta?
Wie viel kostet es?

Cuesta ... euros la noche.
Es kostet ... Euro pro Nacht.

Aussprache
Sprechen Sie die Vokale hintereinander einzeln und deutlich: *cuándo, habitación, junio* usw.

Busco un hotel.

Hören Sie den Dialog und setzen Sie die fehlenden Ausdrücke ein. ▶ 20

habitación doble – ¿Cuántas noches? – por noche

- Buenos días, ¿puedo ayudarle?
- Sí, busco un hotel en Sevilla para hoy.
- ______________________
- Tres noches.
- ¿Para cuántas personas?
- Dos personas.
- A ver ... Sí, aquí tengo uno, el hotel Emperador. Una ______________________ cuesta 100 euros por noche.
- Bueno, es un poco caro ...
- Otra alternativa es el hotel Al-Andalus, 70 euros ______________________.
- ¿Está lejos del centro?
- No, no. Está cerca del Prado de San Sebastián.
- Está bien, ¿tiene el número de teléfono?
- Sí, aquí tiene: 954 42 12 38.
- Muchas gracias.
- De nada, adiós.

Worauf es ankommt

Zahlen 13–100
trece *(13)*, catorce *(14)*, quince *(15)*, dieciséis *(16)*, diecisiete *(17)*, dieciocho *(18)*, diecinueve *(19)*, veinte *(20)*, veintiuno *(21)*, veintidós *(22)* – siehe Seitenzahlen –, treinta *(30)*, treinta y uno *(31)*, cuarenta *(40)*, cincuenta *(50)*, sesenta *(60)*, setenta *(70)*, ochenta *(80)*, noventa *(90)*, cien *(100)*.
Achtung: uno wird vor einem männlichen Hauptwort zu un: veintiún.

Monate
enero *(Januar)*, febrero *(Februar)*, marzo *(März)*, abril *(April)*, mayo *(Mai)*, junio *(Juni)*, julio *(Juli)*, agosto *(August)*, septiembre *(September)*, octubre *(Oktober)*, noviembre *(November)*, diciembre *(Dezember)*

Ein bisschen Grammatik

Hauptwörter, die auf einen Vokal enden, bilden die Mehrzahl durch Anhängen von -s; endet ein Wort auf einen Konsonanten, hängt man -es an: día *(Tag)* → días *(Tage)*, noche *(Nacht)* → noches *(Nächte)*, habitación *(Zimmer)* → habitaciones *(Zimmer)*.

Ejercicios

1 Verständnis und Aussprache

Die alte Leier: Erst verstehen und dann ganz einfach nachsprechen, bitte! ▶ 21

estrella = Stern

1. Busco un hotel cerca de aquí.
2. Está bien, ¿y para cuándo?
3. ¿Tiene una habitación del 21 al 23 de mayo?
4. Este hotel tiene cuatro estrellas, ¿verdad?
5. El hotel Mar y Sol está en el centro.
6. Es un poco caro, cuesta 100 (cien) euros por noche.

2 Einzahl und Mehrzahl

Wie wird die Mehrzahlform der folgenden Hauptwörter gebildet? Bitte jeweils abwechselnd mit Ihrem Tischnachbarn.

1. habitación	7. número
2. día	8. dirección
3. noche	9. autobús
4. estrella	10. hora
5. teléfono	11. pensión
6. estudiante	12. parada

3 Die lieben Zahlen

Setzen Sie zu zweit die folgenden Zahlen in den Mustersatz ein. Im Zweifelsfall helfen die Seitenzahlen.

¿Cuánto cuesta la habitación? – Cuesta **95** euros por noche.

1. 95	4. 84	7. 18	10. 89
2. 70	5. 32	8. 23	11. 40
3. 49	6. 51	9. 66	12. 37

4 Was gehört wohin?

Vervollständigen Sie die Sätze mit den angegebenen Wörtern. Halb so schlimm, oder?

dar – cuántos – caro – centro – individual – pensión

1. Busco una ____________ para tres noches.
2. Tengo una habitación ____________ o una doble.
3. Está bien, ¿pero para ____________ días?
4. El hotel no está en el ____________, ¿verdad?
5. ¿Me puede ____________ el número?
6. Lamentablemente es un poco ____________.

lamentablemente = leider

5 Telefonitis

Jeder Kursteilnehmer sagt seine Telefonnummer, die anderen schreiben sie auf und vergleichen danach.

- ¿Cuál es tu número de teléfono?
- Mi número es el … ¿Y tu número?
- Mi número es el …

¿Tiene habitaciones libres para hoy?

Hören Sie den Dialog. Für wie viele Nächte möchte der Gast das Zimmer reservieren? ▶ 22

- Buenos días, hotel Al-Andalus.
- Buenos días, ¿tiene habitaciones libres para hoy?
- ¿Para cuántas noches?
- Tres noches en habitación doble.
- Sí, no hay problema, ¿a qué nombre?
- Zimmermann.
- ¿Puede deletrearlo, por favor?
- Claro. Z de Zaragoza, I de Italia, M de María, M de María, E de España, R de Ramón, M de María, A de Antonio, ...
- Sí, ya. Zimmermann, gracias. ¿A qué hora llegan?
- A las tres más o menos. ¿Puede enviarme la confirmación, por favor?
- ¿Tiene correo electrónico?
- Sí, zimmermann@webmail.de.
- Muy bien, hasta esta tarde entonces.

Worauf es ankommt

Richtig schreiben

Man fragt: Perdone, ¿cómo se escribe? *(Entschuldigung, wie schreibt man das?)* oder ¿Puede deletrearlo? *(Können Sie das buchstabieren?)* Die Antwort lautet: Se escribe ... *(Es schreibt sich ...)* Übrigens: @ heißt arroba.

Buchstabieren

(A) a – Antonio, *(B)* be – Barcelona, *(C)* ce – Carmen, *(D)* de – Dolores, *(E)* e – España, *(F)* efe – Francia, *(G)* ge – Granada, *(H)* hache – Huelva, *(I)* i – Italia, *(J)* jota – Juan, *(K)* ka – Kenia, *(L)* ele – Lisboa, *(M)* eme – María, *(N)* ene – Navarra, *(Ñ)* eñe, *(O)* o – Oviedo, *(P)* pe – París, *(Q)* cu – Quebec, *(R)* erre – Ramón, *(S)* ese – Soria, *(T)* te – Tarragona, *(U)* u – Uruguay, *(V)* uve – Valencia, *(W)* uve doble – Washington, *(X)* equis – xilófono, *(Y)* i griega – yema, *(Z)* zeta – Zaragoza;
ä, ö, ü = a, o, u con diéresis/con dos puntitos encima.

Ein bisschen Grammatik

Die persönlichen Fürwörter können an die Grundform eines Verbs angehängt werden: Puede enviar**me** la confirmación *(Sie können **mir** die Bestätigung schicken.)*, ¿Puede deletrear**lo**? *(Können Sie **das** buchstabieren?)*

Am Telefon

¿Diga? / ¿Dígame?
Hallo?

Diga, ¿quién es?
Hallo, wer spricht?

¿Puede hablar más despacio?
Können Sie langsamer sprechen?

¿Puede repetir?
Können Sie es/das wiederholen?

Lo siento, no le entiendo.
Es tut mir leid, ich verstehe Sie nicht.

No entiendo bien.
Ich verstehe nicht gut.

Solo hablo un poco español.
Ich spreche nur ein wenig Spanisch.

Wann genau?

¿Tiene una habitación libre ...?
Haben Sie ein freies Zimmer ...?

para el cuatro de marzo
für den 4. März

Quisiera reservar ...
Ich möchte ... reservieren.

Bestätigung

¿Puede enviarme la confirmación, por favor?
Können Sie mir die Bestätigung schicken?

por correo electrónico
per E-Mail

Umlaute

Das Spanische kennt keine Umlaute, deshalb sprechen viele Spanier ä, ö und ü wie a, o und u. Aus Müller wird Muller.

Ejercicios

1 Verständnis und Aussprache

Alles verstanden? Dann sprechen Sie bitte einfach mal nach! ▶ 23

1. Quisiera reservar una habitación individual.
2. ¿Para cuántas noches?
3. ¿Puede darme su número de teléfono?
4. ¿Puede deletrearlo, por favor?
5. ¿Puede hablar más despacio?
6. ¿Puede enviarme la confirmación, por favor?

2 Buchstabieren Sie

Bitte buchstabieren Sie die folgenden Namen, Ihr Tischnachbar soll sie aufschreiben (nicht ins Buch schauen!).

1. Heidemarie Müllermann
2. Joachim Leimadscher
3. Xaver Gottliebsohn
4. Carlitos Nachos
5. Zenzi Tigerlilly
6. Dschingis Khanowski

3 Hören und verstehen

Hören Sie sich den Text an und ergänzen Sie die Aussagen bzw. beantworten Sie die Fragen. ▶ 24

1. El señor García busca ...
   a. una habitación
   b. dos habitaciones
2. ¿Para cuántas noches?
   a. Para dos noches.
   b. Para cuatro noches.
3. ¿A qué hora llegan?
   a. A las tres.
   b. A las cinco.
4. Quiere la confirmación por ...
   a. correo electrónico
   b. teléfono

4 Reservieren Sie

Formulieren Sie Reservierungen:

Quisiera reservar ..., por favor.

1. ein Doppelzimmer für zwei Nächte
2. ein Einzelzimmer für eine Nacht
3. ein Zimmer mit Doppelbett für vier Nächte
4. drei Einzelzimmer für fünf Nächte
5. zwei Doppelzimmer für drei Nächte

5 Reservierung erforderlich

Schreiben Sie nach dem Muster auf Seite 37 eine E-Mail an ein Hotel und reservieren Sie ein Zimmer.

Estimados señores:
Quisiera reservar en ... una habitación ... con ... del ... al ... de ...
Les agradecería una breve respuesta.
Atentamente,
XXX

Lo más importante de un vistazo

Wohnung, Haus ▶ 25

Queremos alquilar ...
Wir würden gerne ... mieten.

un apartamento
eine Wohnung

una casa
ein Haus

un chalé
ein Landhaus

Weitere Bedürfnisse

¿Hay ...?
Gibt es ...?

un aparcamiento
einen Parkplatz

un supermercado
einen Supermarkt

una tienda
ein Geschäft

un centro comercial
ein Einkaufszentrum

un restaurante
ein Restaurant

una pizzería
eine Pizzeria

una playa
einen Strand

Hotelsuche	
Busco un hotel/una pensión.	Ich suche ein Hotel/eine Pension.
¿Me puede dar ...?	Können Sie mir ... geben?
el número de teléfono	die Telefonnummer
la dirección	die Adresse
¿Para cuántas personas?	Für wie viele Personen?
Para ... personas.	Für ... Personen.

Wann genau?	
¿Tiene una habitación libre ...?	Haben Sie ein freies Zimmer ...?
¿Para cuándo?	Für wann?
Para esta noche.	Für diese Nacht.
¿Para cuántas noches?	Für wie viele Nächte?
¿Para cuántos días?	Für wie viele Tage?
De ... a .../Del ... al ...	Von/Vom ... bis (zum) ...
Para ... noches.	Für ... Nächte.
Para el ... de marzo.	Für den .... März.
Del ... al ... de abril.	Vom ... bis ... April.

Was für ein Zimmer?	
Quisiera reservar ...	Ich möchte ... reservieren.
una habitación doble	ein Doppelzimmer
una habitación individual	ein Einzelzimmer
una habitación de matrimonio	ein Zimmer mit Doppelbett
una habitación con baño	ein Zimmer mit Bad
una habitación con balcón	ein Zimmer mit Balkon
una suite	eine Suite
¿Tiene una cama supletoria?	Haben Sie ein Zusatzbett?
¿Cuánto cuesta?	Wie viel kostet es?
Cuesta ... euros por noche.	Es kostet ... Euro pro Nacht.

Am Telefon	
¿Diga? / ¿Dígame?	Hallo?
Diga, ¿quién es?	Hallo, wer spricht?
¿Puede hablar más alto?	Können Sie lauter sprechen?
¿Puede hablar más despacio?	Können Sie langsamer sprechen?
¿Puede repetir, por favor?	Können Sie es/das bitte wiederholen?
Lo siento, no le entiendo.	Entschuldigung, ich verstehe Sie nicht.

Bestätigung	
¿A qué nombre?	Auf welchen Namen?
¿Puede enviarme la confirmación?	Können Sie mir die Bestätigung schicken?

Was mir sonst noch wichtig ist

TURISMO EN ESPAÑA

¿Vosotros sabíais?

En España durante la *temporada alta* hay que reservar con suficiente antelación o corre el riesgo de no encontrar alojamiento. En la *temporada baja* es mucho más fácil porque en muchos lugares hay tarifas especiales para los turistas. Por lo general, puede elegir entre *hoteles*, *hoteles rurales*, *paradores* (hoteles de lujo en antiguos castillos), *camping*, *hostales* (hoteles simples, a menudo familiares), *pensiones* o *casas de huéspedes* y *albergues juveniles*.

¿A dónde ir?

Si no sabe exactamente a dónde quiere ir en España, quizás le ayuden las *banderas azules* que ondean en muchas de las playas del país. Indican que la playa es impecable en términos de limpieza y respeto al medio ambiente. Las *banderas azules* son otorgadas cada año por la organización internacional *FEEA* (*Fundación Europea de Educación Ambiental*) y España con sus 600 playas azules obtiene desde hace muchos años el primer lugar entre más de 30 países miembros. Descubra más en www.fee.global/blue-flag

Reservas

Para la mayoría de los hoteles y casas de huéspedes puede hacer una reserva por adelantado por correo electrónico. Aquí tiene un ejemplo:

Estimados señores:

Quisiera reservar en su hotel una habitación doble con vistas al mar y balcón del 4 al 9 de agosto.

Les agradecería una breve respuesta.

Atentamente,

XXX

ISLAS BALEARES – LAS ISLAS DEL VERANO

¡No se lo pierda! – Lugares de interés

Casi ninguna zona de España tiene tantos contrastes como las Islas Baleares, porque las cuatro islas principales Mallorca, Ibiza, Menorca y Formentera tienen cada una su propio carácter. Por supuesto no debe faltar un paseo nocturno por el animado centro histórico de Eivissa, la capital de Ibiza, con sus pubs, tiendas bonitas y animación. Algo más relajante es un recorrido en bicicleta a través de los campos salinos de Formentera hasta la playa de *Illetas* de aspecto caribeño. Si lo que le gusta es estar activo, haga una caminata por la *Sierra de Tramuntana* de Mallorca. Allí lo más destacado es el ascenso del *Puig Major* de 1.445 m de altura, desde el que se puede disfrutar de impresionantes vistas de toda la isla y en días despejados hasta de la Península Ibérica.

¡Que aproveche! – Especialidades regionales

La cocina balear es autóctona y abundante al mismo tiempo. Prácticamente en todas partes se pueden encontrar platos tan sencillos como el *pa amb oli* (pan tostado con aceite de oliva y tomates) o la popular *coca* (torta tipo pizza). Además, a los autóctonos les gustan los guisos como la *olla fresca* (guiso de verduras), el *bullit* (guiso de carne), el *guisat de peix* (guiso de pescado) o la *caldereta de langosta* (guiso de langosta). Pero también se encuentran entre las especialidades populares platos de carne elaborados, como el *escaldum* (pavo estofado) o las *codornices con higos*.

Para especialistas – Consejos de expertos

Un consejo de expertos sigue siendo la isla de Menorca, mucho menos visitada que sus hermanas del sur. Menorca también tiene playas relajantes y una infraestructura turística muy buena. Lo más destacado son sin duda las escarpadas bahías en la costa norte de la isla, donde todavía se siente el poder de la naturaleza como en ningún otro lugar del Mediterráneo occidental.

5

Im Hotel – En el hotel

Luxus pur

Welche der folgenden Gegenstände, die man üblicherweise in einem Hotelzimmer findet, können Sie auf dem Foto erkennen? Was bedeuten wohl die anderen?

1. cama
2. teléfono
3. armario
4. mesa
5. televisor
6. silla
7. alfombra
8. ventilador
9. almohada
10. lámpara

Was Sie in dieser Lektion lernen:
- wie man an der Rezeption eincheckt.
- wie man sich nach der Lage des Zimmers erkundigt.
- wie man fragt, ob das Frühstück inbegriffen ist.
- wie man ausdrückt, dass etwas nicht funktioniert.

Reservierungen

Für Informationen und Reservierungen bietet sich entweder das Internet an oder die spanischen Fremdenverkehrsämter, bei denen man auch Unterkunftsverzeichnisse ordern kann.

Bestätigungen
Aquí tiene ...
Hier ist ...

la confirmación
die Bestätigung

el comprobante
der Voucher

mi tarjeta de crédito
meine Kreditkarte

el pasaporte
der Reisepass

el carné de identidad (el DNI)
der Personalausweis

el carné de conducir
der Führerschein

Wünsche
Querría ... / Quisiera ...
Ich hätte gerne ...

Wie lange bleiben Sie?
¿Cuánto tiempo se queda?
Wie lange bleiben Sie?

Me quedo ...
Ich bleibe ...

Nos quedamos ...
Wir bleiben ...

una noche
eine Nacht

dos/tres/cuatro noches
zwei/drei/vier Nächte

Frühstück
El desayuno ...
Das Frühstück ...

(no) está incluido en el precio.
ist im Preis (nicht) inbegriffen.

Aussprache
s immer stimmlos wie in „dass“: sábado (Samstag), reserva (Reservierung), noches (Nächte)

Tenemos una reserva.

Hören Sie den Dialog. Für wie viele Nächte wurde das Zimmer reserviert und ist das Frühstück im Preis inbegriffen? ▶ 26

- Hola, tenemos una reserva para hoy.
- Hola, ¿me dice su nombre, por favor?
- Mi nombre es Markus Richter. Aquí tiene la confirmación.
- Gracias. ¿Tiene un documento de identidad?
- Aquí tiene.
- Muy bien, gracias. La reserva es para dos noches, ¿verdad?
- No, no, para tres. Salimos el sábado.
- De acuerdo. Su habitación es la número 25 (veinticinco) y está en el segundo piso. Aquí tiene la llave.
- Gracias. Perdone, el desayuno está incluido en el precio, ¿verdad?
- Así es. Se sirve en la planta baja de 7 a 10 de la mañana.
- Gracias, buenas noches.
- A usted, buenas noches.

Worauf es ankommt

Reservierung
Man sagt: Tengo/Tenemos una reserva. *(Ich habe/Wir haben eine Reservierung.)* oder He/Hemos reservado una habitación. *(Ich habe/Wir haben ein Zimmer reserviert.)*
Man fragt Sie: ¿Tiene una reserva? *(Haben Sie eine Reservierung?)*

Die Wochentage
lunes *(Montag)*, martes *(Dienstag)*, miércoles *(Mittwoch)*, jueves *(Donnerstag)*, viernes *(Freitag)*, sábado *(Samstag)* und domingo *(Sonntag)*

Die Ordnungszahlen
Sie sind in ihrer männlichen Form: primero *(erster)*, segundo *(zweiter)*, tercero *(dritter)*, cuarto *(vierter)*, quinto *(fünfter)*, sexto *(sechster)*, séptimo *(siebter)*, octavo *(achter)*, noveno *(neunter)* und décimo *(zehnter)*. Die weiblichen Formen enden auf -a. Achtung: Vor männlichen Hauptwörtern in der Einzahl sagt man: primer bzw. tercer: el primer/tercer día *(der erste/dritte Tag)*.

Ein bisschen Grammatik

Bei spanischen Verben entspricht die 3. Person Einzahl auch der Sie-Form.

(él/ella, usted) dice	er/sie sagt, Sie sagen
(él/ella, usted) tiene	er/sie hat, Sie haben

Ejercicios

1 Verständnis und Aussprache

Verstehen Sie die Sätze dieser Übung? ▶ 27
Dann sprechen Sie sie bitte nach!

1. Tengo una reserva.
2. ¿Su nombre, por favor?
3. ¿Tiene el pasaporte?
4. Aquí tiene mi pasaporte.
5. ¿Tiene equipaje?
6. Me quedo una noche.

equipaje = Gepäck

2 Welche Antwort passt?

Hier macht nur eine Antwort Sinn. Wissen Sie, welche?
Gut, dann spielen Sie das mal mit Ihrem Tischnachbarn durch.

1. ¿Tiene una reserva?
   a. Sí, está bien.
   b. Sí, aquí tiene.
2. ¿Es para dos noches?
   a. Sí, así es.
   b. Aquí tiene la llave.
3. ¿Tienen equipaje?
   a. No, no tenemos equipaje.
   b. Encantado.
4. ¿Hay una habitación libre?
   a. ¡Buenas noches!
   b. Sí, pero solo una suite.

3 Einfach formulieren

Sie tauchen nachts in einem Hotel auf und müssen auf Spanisch formulieren, ...

1. dass Sie ein Einzelzimmer für zwei Nächte brauchen
2. dass Sie eine Reservierung für ein Doppelzimmer haben
3. dass Sie ein Zimmer mit Doppelbett möchten
4. dass Sie einen Voucher für die Reservierung haben
5. dass Sie das Zimmer mit Frühstück möchten
6. dass Sie vier Nächte bleiben

4 Bitte einsetzen

Setzen Sie die vorgegebenen Wörter in den Beispielsatz ein.

Nos quedamos **una noche**, salimos el **lunes**.

1. una noche – lunes
2. dos noches – martes
3. tres noches – miércoles
4. cuatro noches – jueves
5. cinco noches – viernes
6. seis noches – sábado
7. siete noches – domingo

5 Bitte nachspielen

Spielen Sie jeweils zu zweit den Dialog A nach und improvisieren Sie mit den Ihnen bekannten Sätzen und Wendungen.

- ■ Buenas tardes, tenemos una reserva para hoy.
- ● Buenas tardes, ¿me dice su nombre, por favor?
- ■ Mi nombre es ...
- ● Ah sí, la reserva es para una habitación ... y para ... noches, ¿verdad?

No me gusta la habitación.

Bringen Sie den Dialog in die richtige Reihenfolge und hören Sie ihn dann zur Kontrolle. ▶ 28

__ Por supuesto. Buenas tardes.
__ Lo siento pero no me gusta la habitación. ¿No tienen una más grande y más tranquila que no dé a la calle?
__ ¿En qué puedo ayudarle?
1 Recepción, buenas tardes.
__ Buenas tardes. Llamo de la habitación 25 (veinticinco).
__ Lo siento mucho pero el hotel hoy está completo. Mañana se queda libre una habitación con vistas al mar.
__ Gracias, ¿y podría traerme otra almohada, por favor?
__ Muy bien, pero hay otro problema.
__ Dígame.
__ ¡Dios mío! No se preocupe que ahora mismo le mando a alguien.
__ Buenas tardes.
__ La ducha no funciona y no hay agua caliente. Además la ventana no cierra.

Worauf es ankommt

Mir gefällt …
1. Person Einzahl: me gusta *(mir gefällt/ich mag)*,
1. Person Mehrzahl: nos gusta *(uns gefällt/wir mögen)*

Es gibt …
Heißt: Hay …, z. B. ¿Hay agua caliente? *(Gibt es heißes Wasser?)* No, hay solo agua fría. *(Nein, es gibt nur kaltes Wasser.)*

Zeitangaben
Hier sind einige wichtige: hoy *(heute)*, mañana *(morgen)*, ayer *(gestern)*, anoche *(gestern Abend/Nacht)*, ahora *(jetzt)*, esta mañana *(heute Morgen)*, esta tarde *(heute Nachmittag/Abend)* und esta noche *(heute Abend/Nacht)*.

Ein bisschen Grammatik

Verben werden mit no *(nicht)* verneint: soy *(ich bin)* → no soy *(ich bin nicht)*, funciona *([es] funktioniert)* → no funciona *([es] funktioniert nicht)*, z. B. el aire acondicionado no funciona *(die Klimaanlage funktioniert nicht)*.
Ebenso: me gusta *(mir gefällt)* → no me gusta *(mir gefällt nicht)*

Welches Zimmer?
una habitación
ein Zimmer
que dé a la calle
das zur Straße hin liegt
que dé a la playa
das zum Strand hin liegt
con vistas al mar
mit Meerblick

Steigerung von Adjektiven
grande → más grande
groß → größer
tranquilo → más tranquilo
ruhig → ruhiger

Was nicht funktioniert …
… no funciona
… funktioniert nicht
el aire acondicionado
die Klimaanlage
el ascensor
der Lift
la ducha
die Dusche
el secador de pelo
der Föhn

Was man so braucht
¿Podría traerme …, por favor?
Könnten Sie mir bitte … bringen?
una toalla
ein Handtuch
un vaso
ein Glas
papel higiénico
Toilettenpapier
un cobertor/una manta
eine Decke
una almohada
ein Kissen

Ejercicios

1 Verständnis und Aussprache

Verstehen Sie alle Sätze? Wenn ja, dann bitte nachsprechen. ▶ 29

1. ¿En qué puedo ayudarle?
2. La habitación no me gusta.
3. Hoy está todo ocupado.
4. El televisor no funciona.
5. ¡No se preocupe!

2 Bitte verneinen Sie

Können Sie sich an die Verneinung der Verben erinnern? Wenn ja, dann einigen Sie sich mit Ihrem Tischnachbarn auf die richtige Form.

1. El ascensor funciona.
2. La habitación me gusta.
3. Hay una habitación más tranquila.
4. La ventana cierra.
5. El hotel está completo.
6. ¿Tiene una habitación que dé a la calle?

3 Hören und verstehen

Achten Sie bei diesem Hörtext wieder genau auf alle Informationen und ergänzen Sie die Aussagen bzw. beantworten Sie die Frage. ▶ 30

1. A Miguel no le gusta ... a. el hotel b. la habitación
2. Quiere una ... a. más grande b. más tranquila
3. En el baño no funciona ... a. la ducha b. el secador de pelo
4. ¿Hay agua caliente? a. Sí, hay agua caliente. b. No, hay solo agua fría.

4 Welche Antwort passt?

Hier macht nur eine Antwort Sinn. Wissen Sie, welche?
Bitte einmal der Reihe nach mit Ihrem Nachbarn durchspielen.

1. ¿Hay otra habitación libre? a. Disculpe señora. b. Sí, pero no tiene balcón.
2. ¿Dónde está el ascensor? a. Aquí, pero no funciona. b. Aquí tiene la toalla.
3. ¿Me podría dar un cobertor? a. Buenas tardes. b. Sí, claro.

5 Bitte nachspielen

Spielen Sie den Dialog B in Zweiergruppen nach, indem Sie mit den Ihnen bekannten Sätzen und Redewendungen improvisieren.

- ■ Recepción, buenas tardes.
- ● Buenas tardes. Llamo de la habitación ...
- ■ ¿En qué puedo ayudarle?
- ● Hay un problema aquí. ... no funciona y no hay ...
- ■ ¡Dios mío! Ahora mismo le mando a alguien.
- ● Gracias, ¿y podría traerme ..., por favor?

Lo más importante de un vistazo

Allgemeines ▶ 31

¿Tiene(n) ...?
Haben Sie ...?

¿Hay ...?
Gibt es ...?

¿Qué desea?
Was wünschen Sie?

¿Qué hay?
Was gibt es? / Was ist los?

Pech gehabt

El hotel está completo.
Das Hotel ist belegt.

No hay habitaciones libres.
Es ist alles ausgebucht.

Wie lange man bleibt

Me quedo/Nos quedamos ...	Ich bleibe/Wir bleiben ...
una noche	eine Nacht
dos/tres/cuatro noches	zwei/drei/vier Nächte

Was nicht funktioniert ...

... no funciona	... funktioniert nicht
el aire acondicionado	die Klimaanlage
la ducha	die Dusche
el enchufe	die Steckdose
la luz	das Licht
el ventilador	der Ventilator
la calefacción	die Heizung
la cisterna	die Wasserspülung
el váter	die Toilette
el televisor	das Fernsehen
el desagüe	der Abfluss
... está atascado	... ist verstopft
la ventana / la puerta	das Fenster / die Tür
... no cierra bien	... schließt nicht gut
... no se abre	... geht nicht auf

Auschecken

Salgo. / Salimos.	Ich checke/Wir checken aus.
¿Puede preparar la cuenta, por favor?	Können Sie bitte die Rechnung vorbereiten?
Pago ...	Ich zahle ...
con tarjeta de crédito	mit Kreditkarte
al contado	in bar
¿Puede firmar aquí, por favor?	Können Sie bitte hier unterschreiben?

Camping

¿Podemos acampar en su parcela/terreno?	Können wir auf Ihrem Grundstück campen?
¿Hay todavía sitio para ...?	Haben Sie noch Platz für ...?
¿Cuánto se paga por ...?	Was bezahlt man für ...?
un coche con remolque	ein Auto mit Wohnwagen
una autocaravana	ein Wohnmobil
una tienda de campaña	ein Zelt
una persona	eine Person
dos/tres/cuatro personas	zwei/drei/vier Personen

Was mir sonst noch wichtig ist

ALOJAMIENTO

¿Vosotros sabíais?

En lugar de intensificar el turismo masivo, en algunas regiones del país hoy en día se centran mucho más en la calidad de la oferta que en la cantidad de visitantes. En este sentido, se está produciendo un desarrollo hacia el turismo alternativo desde hace algunos años. Las granjas se convierten en *hoteles rurales* o *agro-hoteles*, pero también los antiguos castillos y palacios se transforman en hoteles de lujo llamados *paradores*.

¡Rellena, por favor!

Como regla general, debe completar y firmar un formulario de registro en la recepción. Normalmente hay que rellenarlo en letras mayúsculas y poner informaciones como el *apellido*, el *nombre*, la *dirección del domicilio*, la *fecha de entrada* o *llegada* y el *número de noches*. También puede leer: *Firme aquí, por favor.*

Camping

Con más de 500 lugares de *camping*, España se puede considerar un paraíso para unas vacaciones en tienda de campaña, caravana o auto-caravana. Pero sobre todo en pleno verano, en temporada alta, es conveniente saber que muchos de los *campings* están ocupados al completo y no queda ni un metro cuadrado libre, sobre todo porque muchos españoles prefieren las vacaciones de campamento al hotel. Por cierto: no se recomienda acampar en la naturaleza e incluso es sancionable en muchos lugares. Por otro lado, si desea acampar en una propiedad privada debe solicitar el permiso del propietario preguntándole: *¿Podemos acampar en su parcela / terreno?*

SEVILLA – LA PERLA DEL SUR

¡No se lo pierda! – Lugares de interés

Sevilla se puede llamar en confianza el centro cultural del sur de España. Los turistas vienen aquí para los espectáculos de flamenco y las corridas de toros en la *Real Maestranza de Sevilla*, una enorme *Plaza de Toros*. Pero la capital de Andalucía también tiene mucho que ofrecer más allá del folclore. Siga los pasos de los almohades – los conquistadores musulmanes que gobernaron la ciudad entre 712 y 1248 – en el *Barrio de Santa Cruz*, que aún recuerda a una Kasbah del norte de África. El estilo oriental se puede adivinar incluso en la enorme catedral, cuyos cimientos se levantan de una antigua mezquita. Desde aquí está a dos pasos la *Torre del Oro*, una antigua torre de vigilancia almohade a orillas del río *Guadalquivir* que por la tarde se sumerge en el rojo del sol poniente.

¡Que aproveche! – Especialidades regionales

Sevilla es considerada la capital de las tapas en España, y de hecho, la oferta en las *bodegas* del centro histórico y en el *Barrio de Santa Cruz* es enorme. Asegúrese de probar el *jamón de bellota de cerdo negro*, los *pescaítos fritos* (pescado frito), originarios de Málaga, el siempre popular *montadito de pringá* (mezcla de carne, embutido y tocino en panecillos tostados) o la sopa *salmorejo* importada desde Córdoba, que es similar al *gazpacho*, pero más grueso y servido con jamón y huevo. ¿Y de beber? Bueno, debido al calor intenso del verano en Sevilla, una cerveza fría o un vino blanco ligero es la "bebida nacional" más popular para los aperitivos.

Para especialistas – Consejos de expertos

En el lado occidental del *Guadalquivir* se encuentra el barrio popular de *Triana*, amado por los locales por sus sencillos restaurantes de pescado, por ejemplo en la *calle Betis*. Uno puede relajarse en el *Parque de María Luisa* en el sur de la ciudad, pero no debe perderse la *Plaza de España*, donde 50 impresionantes imágenes de azulejos simbolizan la historia de España.

6

In der Bar – En el bar

Trockene Kehlen?

In Spanien finden sich praktisch an jeder Ecke Bars, in denen man Kaffee, Tee, Erfrischungs- und alkoholische Getränke sowie kleine Gerichte bekommt. Für viele Spanier ist die Bar eine Art erweitertes Wohnzimmer, wo man nicht selten mehrmals am Tag auf einen Espresso, eine Erfrischung oder einen Drink einkehrt und einen kleinen Plausch hält. Folgende Getränke dürften Sie kennen, fallen Ihnen noch andere ein?

1. una cerveza
2. un café (solo)
3. un café con leche
4. un capuchino
5. un té
6. un vino blanco
7. un vino tinto
8. un agua con gas

Was Sie in dieser Lektion lernen:
- wie man etwas in einer Bar bestellt.
- wie man fragt, was man unternehmen kann.
- wie man sagt, dass einem etwas (nicht) gefällt.
- wie man den Weg beschreibt.

Aufgepasst!
In Spanien versteht man in der Regel unter **un café (solo)** das, was man bei uns als Espresso bezeichnet. Ein „normaler" Filterkaffee ist dagegen **un café americano**!

Wünsche usw.

¿Qué quieres tomar?
Was nimmst du?

¿Qué quiere tomar?
Was nehmen Sie?

un café (solo)/dos cafés
ein Kaffee (Espresso)/zwei Kaffee

un café con leche
ein Milchkaffee

un (café) cortado
ein Espresso mit etwas Milch

una leche manchada
ein Espresso mit viel Milch

una copa de ...
ein Glas ...

vino tinto/blanco
Rotwein / Weißwein

una cerveza
ein Bier

Wo genau?

¿Me puede explicar ...?
Können Sie mir ... erklären?

seguir todo recto
geradeaus gehen

girar a la derecha/izquierda
nach rechts/links abbiegen

regresar
zurückgehen

dar la vuelta
umkehren

Überqueren

Luego tiene que cruzar ...
Dann müssen Sie ... überqueren.

la plaza
den Platz

la calle
die Straße

el puente
die Brücke

¿Me puede explicar el camino?

Hören Sie den Dialog und setzen Sie die folgenden Ausdrücke ein. ▶ 32

cuenta – tostada con jamón – agua – café con leche

- Buenos días, ¿qué quiere tomar?
- Buenos días. Querría un ____________ y una ____________, por favor.
- ¿Algo más?
- No, nada más, gracias. ...
- Aquí tiene.
- Gracias. ¿Sabe dónde está la catedral?
- Sí, está muy cerca de aquí.
- ¿Me puede explicar el camino?
- Claro. Tiene que seguir esta calle todo recto hasta el semáforo. Luego la primera a la derecha.
- Gracias. ...
- ¿Quiere algo más?
- Un vaso de ____________ y la ____________, por favor.

Worauf es ankommt

Bestellungen

Man sagt: Querría ..., por favor. *(Ich hätte gerne ..., bitte.)* oder einfach Para mí ..., por favor. *(Für mich bitte ...)*, z. B. Querría un café solo, por favor. *(Ich hätte gerne einen Espresso, bitte.)*

Nah oder weit ...

Cerca *(nah)* und lejos *(weit)* werden häufig mit der Präposition de *(aus, von)* verwendet: Está cerca de la Plaza del Triunfo. *(Es ist in der Nähe der Plaza del Triunfo.)*, Está lejos de tu hotel. *(Es ist weit von deinem Hotel.)* Außerdem: ¿Está lejos a pie? *(Ist es weit zu Fuß?)*

Links, rechts und geradeaus

Für Wegbeschreibungen benutzt man: (Usted) gira ... *(Sie biegen ... ab.)* oder (Vosotros/-as*) giráis ... *(Ihr biegt ... ab.)* in Verbindung mit a la izquierda *(nach links)* und a la derecha *(nach rechts)*, auch z. B. la primera a la izquierda *(die erste links)*, la segunda a la derecha *(die zweite rechts)* usw. (Usted) sigue todo recto. *(Sie gehen geradeaus.)*

Ein bisschen Grammatik

Die meisten Verben enden in der 2. Person Mehrzahl auf -áis, -éis oder -ís: vosotros/-as* buscáis *(ihr sucht)*, vosotros/-as podéis *(ihr könnt)*, vosotros/-as discutís *(ihr diskutiert)*.

* auch für „ihr" gibt es eine weibliche Form: vosotras (siehe auch Seite 112).

Ejercicios

1 Verständnis und Aussprache

Lesen und hören Sie die folgenden Sätze ▶ 33
und sprechen Sie sie bitte nach!

1. Querría una copa de vino blanco.
2. Para mí solo un café con leche, por favor.
3. Tiene que seguir todo recto hasta la plaza.
4. Luego gira a la izquierda y cruza el puente.
5. No está muy lejos de mi hotel, ¿verdad?
6. ¡Muchas gracias y buenas noches!

2 Bitte Lücken füllen

Füllen Sie die Lücken mithilfe der fehlenden Wörter.
Am besten gemeinsam mit Ihrem Tischnachbarn!
Danach sprechen Sie den Dialog zu zweit nach.

lejos – derecha – dónde – tomar – copa – cruzar

1. Buenos días, ¿qué quiere ______________?
2. Querría una ______________ de vino tinto, por favor.
3. ¿Sabe ______________ está la catedral?
4. Sí, pero está un poco ______________ de aquí.
5. Tiene que ______________ la Plaza de la Constitución.
6. Y luego tiene que girar a la ______________.

3 Bitte einsetzen

Setzen Sie die Angaben 1–6 in den Mustersatz ein.

Luego tiene que **girar a la derecha**.

1. girar a la derecha
2. cruzar la calle
3. seguir todo recto
4. dar la vuelta ahí
5. girar a la izquierda
6. regresar hasta la plaza

4 Passende Formulierungen

Lesen Sie den Dialog noch einmal und finden Sie
die passenden Formulierungen für die folgenden Situationen.

1. in einer Bar etwas bestellen
2. fragen, was jemand nehmen möchte
3. jemanden fragen, ob er den Weg erklären kann
4. fragen, ob es zur Plaza de la Catedral weit ist
5. sagen, dass jemand geradeaus bis zur Ampel gehen muss

El bar
Die spanische Bar hat nichts mit einem Nachtlokal zu tun, sondern bezeichnet eine Art Café, in dem man wahlweise an Tischen oder an einer Theke Platz nimmt. Eine „echte" Kneipe nennt man **pub** – jedoch finden sich auch noch traditionellere Lokale namens **tasca** oder **taberna**.

5 Zeigen Sie sich spendabel

Fragen Sie jeweils zwei Ihrer Kurskollegen, was sie bestellen möchten.

■ ¡Yo invito! ¿Qué quieres tomar?
● Querría ..., por favor.
■ ¿Y tú?
◆ ...

¡Yo invito! = Ich lade ein!

Langeweile?
¿Sabe si hay ...?
Wissen Sie, ob es ... gibt?

un concierto
ein Konzert

una fiesta
ein Fest

una buena película
einen guten Film

una feria
eine Messe, einen Jahrmarkt

Ideen!
Puede ir ...
Sie können ... gehen.

a la ópera
in die Oper

al teatro
ins Theater

al cine
ins Kino

Vorlieben
¿Qué le/te gusta?
Was gefällt Ihnen/dir?

Me gusta (mucho) ...
Mir gefällt (sehr) ...

bailar
tanzen

el flamenco
der Flamenco

Wie lange unterwegs?
¿Cuánto se tarda?
Wie lange braucht man?

Un cuarto de hora.
Eine Viertelstunde.

Media hora.
Eine halbe Stunde.

Una hora.
Eine Stunde.

(Solo) unos cinco minutos.
(Nur) etwa fünf Minuten.

¿Cuánto se tarda?

Hören Sie den Dialog. Wie weit ist es zur Diskothek? ▶ 34

- ● ¿Qué se puede hacer aquí por la noche?
- ■ Bueno, depende. ¿Qué le gusta?
- ● Me gusta bailar. ¿Hay alguna discoteca por aquí?
- ■ Bueno, tiene que caminar un poco o coger el metro, está lejos.
- ● ¿Cuánto se tarda?
- ■ Media hora andando.
- ● No, entonces no ...
- ■ ¿Le gustan las obras de teatro?
- ● No, no mucho. Prefiero las películas románticas.
- ■ Pues mañana empieza el festival de cine.
- ● ¡Fantástico! ... Bueno, ¿hay un cine por aquí?
- ■ Sí, ¡claro! Hay uno muy grande justo enfrente del hotel.
- ● Gracias.

Worauf es ankommt

Programm
Fragen Sie: ¿Qué se puede hacer aquí por la noche? *(Was kann man hier abends machen?)* oder konkreter: ¿Dónde hay ... por aquí? *(Wo gibt es hier ...?)*, z. B. una discoteca *(eine Disko)*, un bar *(eine Bar)*, un pub *(eine Kneipe)*, un restaurante *(ein Restaurant)* usw.

Einiges geboten
Man antwortet Ihnen wahrscheinlich: Hoy hay ... *(Heute gibt es ...)*, Aquí hay ... *(Hier gibt es ...)*, (Usted) puede visitar ... *(Sie können ... besuchen.)*

Wie es euch gefällt
Prägen Sie sich neben Me gusta ... *(Mir gefällt ...)* auch Me gustan ... *(Mir gefallen ...)* bzw. Nos gustan ... *(Uns gefallen ...)* ein: Me gustan los locales tranquilos. *(Mir gefallen ruhige Lokale.)*, Nos gustan las fiestas tradicionales. *(Uns gefallen traditionelle Feste.)*

Ein bisschen Grammatik

Eigenschaftswörter verändern sich in der Mehrzahl wie Hauptwörter: el local tranquilo *(das ruhige Lokal)* → los locales tranquilos *(die ruhigen Lokale)*, la película romántica *(der romantische Film)* → las películas románticas *(die romantischen Filme)*

Ejercicios

1 Verständnis und Aussprache

Sind die Sätze klar? Dann macht es sicher keine Probleme, sie nachzusprechen, oder? ▶ 35

1. ¿Sabe dónde hay una discoteca por aquí?
2. Sí, hay una en el centro, en la Avenida de España.
3. ¿Qué se puede hacer en Madrid?
4. No me gusta mucho bailar.
5. ¿Le gustan las fiestas?

2 Bitte vervollständigen

Können Sie diese Sätze vervollständigen? Nein? Dann hilft sicher der Tischnachbar gerne.

prefiero – obras – por – empieza – claro – bailar

1. Hola, ¿hay una tasca ______________ aquí?
2. Sí, ¡ ______________ ! Está justo enfrente del hotel.
3. Bueno, depende. No me gusta mucho ______________ .
4. ______________ las películas románticas.
5. Mañana ______________ el festival de teatro.
6. ¡Fantástico! Me gustan las ______________ de teatro.

3 Hören und verstehen

Lauschen Sie dem Text und beantworten Sie dazu bitte folgende Fragen bzw. ergänzen Sie den Satz. ▶ 36

1. ¿Qué quiere tomar Alberto?	a. Un café con leche.
	b. Un café solo.
2. ¿Le gusta bailar?	a. Sí, le gusta bailar.
	b. No, no le gusta bailar.
3. La discoteca está ...	a. lejos
	b. cerca

4 Bitte zuordnen

Ordnen Sie in Zweiergruppen jeder Frage eine logische Antwort zu.

1. ¿Dónde está el cine?	a. Sí, muy cerca.
2. ¿Está lejos a pie?	b. Sí, la estación está allí.
3. ¿Cuánto se tarda?	c. No, está cerca.
4. ¿Está cerca de la Catedral?	d. No, la segunda.
5. ¿La primera a la derecha?	e. Está en la Plaza del Parque.
6. ¿Puedo coger el metro?	f. Solo unos diez minutos.

5 Gespräche erarbeiten

Konstruieren Sie mit Ihrem Tischnachbarn Frage und Antwort zu folgenden Themen.

1. fragen, wie man zum Jahrmarkt kommt
2. fragen, ob das Ziel weit zu Fuß ist
3. fragen, ob es ein Konzert gibt
4. fragen, wie lang man unterwegs ist

Lo más importante de un vistazo

Vorlieben 37

¿Qué le/te gusta?
Was gefällt Ihnen/dir?

Me gusta (mucho) ...
Mir gefällt (sehr) ...

la música clásica
klassische Musik

el jazz
Jazz

la música rock
Rockmusik

bailar
tanzen

el cine
Kino

Me gustan ...
Mir gefallen ...

los locales tranquilos
ruhige Lokale

las fiestas tradicionales
traditionelle Feste

Bezahlen

La cuenta, por favor.
Die Rechnung, bitte.

¿Cuánto es?
Was macht das?

Yo pago ...
Ich zahle ...

¡Yo invito!
Ich lade ein!

Bestellungen	
Querría ..., por favor.	Ich hätte gerne ..., bitte.
Para mí ..., por favor.	Für mich bitte ...
un café (solo)	einen Kaffee (Espresso)
un café con leche	einen Milchkaffee
una cerveza/una caña	ein Bier/ein gezapftes Bier
una copa de ...	ein Glas ...
vino tinto/blanco	Rotwein/Weißwein
Programm?	
¿Qué se puede hacer aquí?	Was kann man hier machen?
¿Dónde hay ...?	Wo gibt es ...?
una discoteca	eine Disko
un cine	ein Kino
un teatro	ein Theater
¿Sabe si hay ...?	Wissen Sie, ob es ... gibt?
un concierto	ein Konzert
una fiesta	ein Fest
un festival	ein Festival
Wo ist was?	
¿Dónde está el museo?	Wo ist das Museum?
En la plaza ...	Am ... -Platz.
En la calle ...	In der ... -Straße.
Wo genau?	
¿Me puede explicar ...?	Können Sie mir ... erklären?
Está delante (de) ...	Es ist vor ...
Está al lado (de) ...	Es ist neben ...
del museo	dem Museum
de la iglesia	der Kirche
Wie komme ich hin?	
¿Cómo llego a ...?	Wie komme ich zu/nach ...?
Tiene que girar ...	Sie müssen ... abbiegen.
a la derecha/izquierda	nach rechts/links
Tiene que ...	Sie müssen ...
regresar/dar la vuelta	zurückgehen/umkehren
Está cerca/lejos.	Es ist in der Nähe/weit.
Tiene que seguir todo recto.	Sie müssen geradeaus gehen.
(Usted) cruza ...	Sie überqueren ...
la plaza	den Platz
la calle	die Straße

Was mir sonst noch wichtig ist

EN EL BAR

Típico español

Si desea encontrarse con amigos o conocidos españoles no mire en su calendario porque sólo encontrará sus citas de trabajo. Ya que está reservado para citas de negocios. Las reuniones privadas no se planifican tanto, sino que son más bien flexibles e improvisadas. Decir *a ver si nos tomamos un café mañana* es mucho más común que una fecha fija.

¿Vosotros sabíais?

Algunas de las variedades de café más populares en España incluyen: *café solo* (expreso simple), *cortado* (expreso con un poco de leche), *café con leche*, *leche manchada* (expreso con mucha leche), *café crema* o *capuchino* (expreso con crema o leche espumada) y *carajillo* (expreso con una pizca de alcohol como ron o brandy). Uno pide su café *en taza* o *en vaso*, según las preferencias personales. Por cierto, en España las variantes con leche rara vez se beben después de la comida. Si quiere un café de filtro, pida un *café americano* o un *café descafeinado*.

En los bares además hay...

Para beber: *vino blanco*, *vino tinto* o *vino rosado*, en *una copa* o *un chato* (un vaso plano), así como *aperitivo*, *té*, *tisana* (té de hierbas) y por supuesto muchos *refrescos* y *zumos*.
Para comer: *caracola* (pastel en forma de caracol), *cruasán*, *tapas*, *helado*, *sándwich* o *bocadillo* – por ejemplo *de queso*, *de jamón*, *de chorizo* o *de lomo* –, *tostada* o *ensalada*.

GALICIA – EL NORTE VERDE

¡No se lo pierda! – Lugares de interés

Ya sea que esté cruzando Galicia a pie en el *Camino de Santiago* o de manera convencional, no debe perderse la visita a la poderosa *Catedral de Santiago de Compostela* con el enorme incensario llamado *botafumeiro*. Pero Galicia no solo tiene algo que ofrecer a los excursionistas dedicados. Los lugares más destacados son, por ejemplo, el paseo marítimo de A Coruña, donde se encuentra la *Torre de Hércules*, el faro más antiguo del mundo. También es fascinante el centro histórico de Lugo, que todavía está completamente rodeado por las murallas históricas de la ciudad.

¡Que aproveche! – Especialidades regionales

La cocina gallega es sencilla pero sabrosa con sopas abundantes como el *caldo gallego* (hecho de judías blancas y hojas de nabo), pero debido a su proximidad al mar no sorprende que los gallegos también elaboren todo tipo de pescado y marisco. Las especialidades incluyen *pulpo a feira* (pulpo cocido), *vieiras a la gallega* (veneras en su concha), *berberechos a la marinera* (berberechos con salsa de cebolla) o *xoubas con cachelos* (sardinas con papas). Como tentempié se recomiendan las *empanadas* (pasta de hojaldre rellena).

Para especialistas – Consejos de expertos

Una experiencia especial es una visita a los Parques Nacionales de las islas costeras *Ons*, *Sálvora* y *Cortegada*. Aquí puede elegir entre playas de arena fina y acantilados escarpados. Otro punto a destacar es la llamada *Ribeira Sacra* entre Ourense y Lugo, el profundo *valle del río Miño*, donde se alternan gargantas empinadas y pendientes suaves.

TEST 1

1 Welche Antwort stimmt?

Können Sie sich noch an alle Informationen zur Landeskunde erinnern?
Na dann kreuzen Sie sicher die richtige Aussage an.

1. Mit Spanisch haben Sie ca. … Gesprächspartner.
   a. 4,5 Millionen
   b. 45 Millionen
   c. 450 Millionen
2. Zugfahrten durch Spanien …
   a. sind für EU-Bürger um die Hälfte ermäßigt
   b. sind in der Regel praktisch und günstig
   c. sind für Normalsterbliche unbezahlbar
3. Als *paradores* bezeichnet man …
   a. Luxushotels in ehemaligen Schlössern und Burgen
   b. Teilnehmer der religiösen Paraden zu Ostern
   c. nur die besten Fallschirmspringer des Landes
4. Bei der Hotelsuche vor Ort hilft …
   a. die deutsche Botschaft in Madrid
   b. die regionalen Fremdenverkehrsämter
   c. meist nur der Taxifahrer
5. Man küsst zur Begrüßung …
   a. nur Personen, die jünger als man selbst sind
   b. einfach alle Unbekannten
   c. Bekannte, Verwandte und Freunde
6. Verabredungen mit spanischen Freunden und Bekannten …
   a. müssen lange im Voraus geplant werden
   b. finden meist spontan und ungezwungen statt
   c. gestalten sich durch die Sprachprobleme häufig schwierig

2 Fragen und Antworten

Sicherlich haben Sie die letzten sechs Lektionen aufmerksam bearbeitet und machen folglich diese Übung im Handumdrehen. Welche Antwort passt zu welcher Frage?

1. ¿Cómo estás?
2. ¿Le gusta la habitación?
3. ¿Tiene una reserva?
4. ¿Qué quieres tomar?
5. ¿Cómo se llama tu amigo?
6. ¿Tienes hijos?
7. ¿Está lejos de aquí?
8. ¿Está aquí para hacer turismo?

a. Sí, tengo un hijo y una hija.
b. No, vivo cerca de aquí.
c. Se llama Francisco.
d. Querría un café solo.
e. Sí, aquí tiene el comprobante.
f. Muy bien, gracias.
g. No, ¿no hay una más tranquila?
h. No, está muy cerca.

TEST 1

3 Fit für den „Ernstfall"?

Wiederholen Sie die Gesprächssituationen aus den vergangenen Lektionen, indem Sie mit Ihrem Tischnachbarn eine Unterhaltung zu den folgenden Themen führen. Die angegebenen Satzfragmente und Floskeln sollten nur als Richtlinie dienen. Improvisieren ist angesagt!

1. Sie treffen Ihren Bekannten Herrn Martínez.
   - ● Buenos días, señor ...
   - ■ Muy ... ¿Y usted?
   - ● Estoy ..., gracias. Le presento a ...
   - ■ Adiós y ...
2. Sie halten einen Plausch mit einem/einer Fremden.
   - ● Usted no es español/a, ¿verdad?
   - ■ No, soy ..., de ... ¿Y usted?
   - ● ... ¿En qué trabaja?
   - ■ Soy ... ¿Usted está casado/-a?
3. Sie rufen bei einem Hotel zwecks Zimmerreservierung an.
   - ● Buenas tardes, hotel ..., ¿puedo ayudarle?
   - ■ ¿Tiene una habitación ... libre para ...?
   - ● Sí, no hay problema, ¿a qué nombre?
   - ■ Me llamo ... ¿Puede enviarme la confirmación, por favor? ...
4. Sie sitzen im Zug und erkundigen sich beim Schaffner.
   - ● ..., ¿a qué hora llegamos a ...?
   - ■ Llevamos ... minutos de retraso. El tren llega a las ...
   - ● ¿A qué hora y de dónde sale el tren para ...?
   - ■ ... sale a las ..., del andén ...
5. Ihre Freundin Carolina läuft Ihnen zufällig über den Weg.
   - ● Hola, Carolina, ¿cómo ...?
   - ■ ... Te presento ...
   - ● ... ¿es español?
   - ■ ... ¡Hasta luego!
6. Sie erkundigen sich an der Hotelrezeption.
   - ● ... ¿Qué se puede hacer aquí por la noche?
   - ■ Bueno, depende. Hay ... y si le gusta bailar, hay ...
   - ● Prefiero ... ¿No hay ...?
   - ■ Sí, ¡claro! Hay uno/-a en la calle ...

4 Und jetzt noch schnell auf Spanisch!

Bis hier hat sicherlich alles gut geklappt, oder? Wenn Sie jetzt noch diese Sätze auf Spanisch wiedergeben können, sind Sie reif für die nächste Lektion.

1. Wie viel Uhr ist es?
2. Gute Reise!
3. Keine Sorge!
4. Bis zum nächsten Mal!
5. Ich hätte gerne einen Milchkaffee.
6. Ich suche ein Hotel.
7. Sehr erfreut.
8. Wo ist die Touristeninformation?

7

Im Restaurant – En el restaurante

Und was ist Ihr Leibgericht?

Die spanische Küche erfreut sich auch in unseren Breiten zunehmender Beliebtheit. Kennen Sie die folgenden *tapas*? Welche sind auf dem Foto abgebildet?

1. flan
2. aceitunas
3. paella
4. jamón serrano
5. queso manchego
6. tortilla

Was Sie in dieser Lektion lernen:
- wie man sich nach dem Essen erkundigt und etwas in einem Restaurant bestellt.
- wie man um eine Empfehlung bittet.
- wie man sagt, dass man etwas anderes bestellt hat.
- wie man um die Rechnung bittet.

¿Cocina española?
Von nur einer spanischen Küche zu sprechen, wäre eine maßlose Untertreibung. Jede Region des Landes hat ihre eigenen Rezepte und Spezialitäten, von denen viele bei uns noch relativ unbekannt sind.

Bestellen
¿Puede traer la carta?
Können Sie die Karte bringen?

Querría/Querríamos pedir ...
Ich würde/Wir würden gerne ... bestellen.

¿Quieren pedir?
Wollen Sie bestellen?

¿Qué quieren de ...?
Was möchten Sie als ...?

entrante
Vorspeise

primero
ersten Gang

segundo
zweiten Gang

postre
Nachtisch

La especialidad de la casa es/son ...
Die Spezialität des Hauses ist/sind ...

Sonderwünsche
¿Qué vino me/nos aconseja?
Welchen Wein empfehlen Sie mir/uns?

¿Este plato lleva carne?
Ist dieses Gericht mit Fleisch?

¿Está picante?
Ist es scharf?

Soy vegetariano/-a.
Ich bin Vegetarier/in.

Betonung
Meist auf der vorletzten Silbe: mesa (Tisch), libre (frei); sonst auf der Silbe, die einen Akzent trägt: está (ist), buenísimo (sehr gut).

Queremos tomar algo típico.

Hören Sie den Dialog und setzen Sie die folgenden Ausdrücke ein. 38

ensalada – carta – gazpacho – botella – carne

● Buenas tardes, ¿tienen mesa para dos personas?
■ Sí, ¿está bien aquí?
● Sí, gracias.

...

■ Aquí tienen la ______________________.
▲ Queremos tomar algo típico. ¿Qué nos recomienda?
■ De primero tenemos un ______________________ buenísimo.
● ¿Tiene carne el gazpacho? Es que soy vegetariana.
■ No, no. El gazpacho no lleva ______________________, solo verdura.
● Entonces tomo gazpacho.
▲ Yo tomo una ______________________ de atún.
■ ¿Y para beber?
▲ Una ______________________ de agua mineral, por favor.
■ Enseguida.

Worauf es ankommt

Wo ist Platz?
Nach einem Tisch fragen: ¿Tienen mesa para ...? *(Haben Sie einen Tisch für ...?)* Schon reserviert: He reservado una mesa a nombre de ... *(Ich habe einen Tisch auf den Namen ... reserviert.)*

Empfehlungen
Frage: ¿Qué me/nos recomienda? oder ¿Qué me/nos aconseja? *(Was empfehlen Sie mir/uns?)* Als Antwort: Le/Les recomiendo ... oder Le/Les aconsejo ... *(Ich empfehle Ihnen ...)*

Bestellungen
Der Kellner fragt: ¿Qué desea? *(Was wünschen Sie?)* Sie antworten: Tomo/Tomamos ... *(Ich nehme/Wir nehmen ...)* bzw. Para mí/nosostros ... *(Für mich/uns ...)*

Ein bisschen Grammatik

Man bildet die höchste Steigerungsform von Eigenschaftswörtern, indem man die Endung -ísimo anhängt.

bello → bellísimo	schön → sehr schön
bueno → buenísimo	gut → sehr gut
caro → carísimo	teuer → sehr teuer

Ejercicios

1 Verständnis und Aussprache

Verstehen Sie die Sätze dieser Übung? Dann sprechen Sie sie bitte nach! ▶ 39

1. ¿Tienen mesa para tres personas?
2. ¿Puede traer la carta?
3. ¿Qué nos aconseja?
4. La especialidad de la casa es el gazpacho.
5. Y para beber una botella de vino tinto.

2 Welche Antwort passt?

Hier macht nur eine Antwort Sinn. Wissen Sie, welche?
Gut, dann spielen Sie die Minidialoge mit Ihrem Tischnachbarn durch.

1. ¿Quieren pedir?
   a. Sí, soy vegetariano.
   b. Sí, para mí la paella.
2. ¿Qué vino nos aconseja?
   a. El tinto de la casa.
   b. Bien.
3. ¿Está picante?
   a. No, no mucho.
   b. Enseguida.

3 Hören und verstehen

Hören Sie sich den Text an und ergänzen Sie die Aussage bzw. beantworten Sie die Fragen. ▶ 40

1. Ana quiere una mesa para ...
   a. una persona
   b. dos personas
2. ¿Qué quiere de entrante?
   a. Un salmorejo.
   b. Una ensalada.
3. ¿Y para beber?
   a. Una copa de vino blanco.
   b. Una copa de vino tinto.

4 Was passt zueinander?

Finden Sie die deutsche Entsprechung jedes spanischen Satzes?

1. Querría ...	a. Was empfehlen Sie mir?
2. La mesa está libre.	b. Ich bin Vegetarier.
3. Aquí tiene la carta.	c. Was wünschen Sie?
4. ¿Qué desea?	d. Ich hätte gerne ...
5. ¿Qué me recomienda?	e. Hier ist die Karte.
6. Soy vegetariano.	f. Der Tisch ist frei.

5 Bitte nachspielen

Spielen Sie jeweils zu zweit den Dialog A nach und improvisieren Sie mit den Ihnen bekannten Wörtern und Redewendungen.

- ● Buenas tardes, ¿tienen mesa para ... personas?
- ■ Sí, ¿está bien aquí?
- ● Sí, gracias.
- ■ ¿Qué desea?
- ● De primero ... y de segundo ...
- ■ ¿Y para beber?
- ● Una botella de ..., por favor.
- ■ Enseguida.

Was man haben möchte ...
¿Qué tienen de postre?
Was haben Sie als Nachtisch?

¿Nos puede traer ...?
Können Sie uns ... bringen?

más pan
mehr Brot

una botella de agua
eine Flasche Wasser

agua sin gas
stilles Wasser

agua con gas
Sprudelwasser

sal
Salz

pimienta
Pfeffer

aceite
Öl

vinagre
Essig

palillos
Zahnstocher

una servilleta
eine Serviette

el postre
den Nachtisch

Probleme?
Está demasiado picante.
Es ist zu scharf.

Está demasiado salado.
Es ist versalzen.

Está frío.
Es ist kalt.

Herr Ober!
¡Camarero!
Herr Ober!

¡Señorita!
Fräulein!

¿Te gusta el gazpacho?

Hören Sie den Dialog. Nehmen die Gäste ein Dessert? ▶ 41

● Aquí tiene.
■ Pero ... ¿esto qué es?
● Caldereta de ternera y ensalada de atún.
■ Eso no es lo que he pedido. Yo he pedido gazpacho.
● ¿Y la ensalada?
■ Sí, la ensalada está bien.
● Un momento, por favor.
...
▲ ¿Te gusta el gazpacho?
■ Sí, me gusta mucho.
▲ ¿Quieres tomar algo más?
■ Sí. Podemos pedir postre, ¿no?
▲ Me parece bien. ¡Camarero! ¿Qué tienen de postre?
● Tenemos fruta de temporada, helados y flan de huevo.
▲ Para mí un flan.
■ Para mí un café solo y la cuenta, por favor.

Worauf es ankommt

Probleme mit der Bestellung?
Das Falsche gebracht: Eso no es lo que he pedido. *(Das ist nicht das, was ich bestellt habe.)*, He pedido ... *(Ich habe ... bestellt.)*

Zahlen, bitte!
La cuenta, por favor. *(Die Rechnung, bitte.)* oder Me cobra, por favor. *(Zahlen, bitte.)*

Um Rat bitten
Wichtige Fragen sind: ¿Qué es ...? *(Was ist ...?)*, ¿Cuál es ...? *(Welche/r ist ...?)* und ¿Tienen ...? *(Haben Sie ...?)*

Ein bisschen Grammatik

Die Objektpronomen (im Akkusativ und Dativ) kennen jeweils eine betonte (z. B. mit Präpositionen) und eine unbetonte (z. B. mit Verben) Form.

para mí	für mich *(betont)*
me parece ...	es scheint mir *(unbetont)*
para ti	für dich *(betont)*
te gusta	dir gefällt *(unbetont)*

Ejercicios

1 Verständnis und Aussprache

Alles verstanden? Dann bitte wieder nachsprechen! ▶ 42

1. Aquí tiene las tapas y el vino rosado.
2. ¿Qué es eso? – Jamón serrano.
3. Eso no es lo que he pedido.
4. ¿Cuál es la especialidad de la casa?
5. Aquí la carne es muy buena.
6. La cuenta, por favor.

2 Welches Personalpronomen passt?

Hier macht nur ein Wort Sinn. Wissen Sie, welches?

1.	Para ____________ una ensalada.	a. me	b. mí
2.	¿ ____________ gusta el gazpacho?	a. ti	b. te
3.	¿ ____________ puede traer los postres?	a. nos	b. nosotros
4.	¿Y un vino tinto para ____________ ?	a. te	b. ti

3 Fragen und antworten

Spielen Sie mit Ihrem Tischnachbarn das Kunde-Ober-Spiel, indem Sie die Wörter 1–6 in den Beispielsatz einsetzen.

¿Tienen **vino de la casa**? –
Sí, tenemos **vino blanco y tinto**.

1. vino de la casa – vino blanco y tinto
2. agua mineral – agua con gas y sin gas
3. sal – sal y pimienta
4. aceite – aceite y vinagre
5. postre – postre y café
6. flan – flan, fruta y helados

4 Können Sie's übersetzen?

Können Sie diese deutschen Sätze auch auf Spanisch wiedergeben?

1. Und wie ist das Fleisch?
2. Es schmeckt mir sehr.
3. Und das Restaurant gefällt mir auch sehr.
4. Wünschen Sie einen Nachtisch?
5. Nein danke, ich nehme nur einen Kaffee.
6. Herr Ober, die Rechnung, bitte!

5 Bitte nachspielen

Spielen Sie den Dialog B mit Ihrem Tischnachbarn nach und improvisieren Sie mit den Gerichten auf Seite 63.

- ● Aquí tiene.
- ■ ¿Esto qué es?
- ● Es ...
- ■ Eso no es lo que he pedido. Yo he pedido ...
- ● ¿Y el/la ...?
- ■ Sí, el/la ... está bien.

Lo más importante de un vistazo

Reserviert? 43

Hemos reservado una mesa.
Wir haben einen Tisch reserviert.

¿A qué nombre?
Auf welchen Namen?

¿Para cuántas personas?
Für wie viele Personen?

Sonstiges

Disculpe, ¿dónde está el baño?
Verzeihung, wo ist die Toilette?

Al fondo a la derecha/izquierda.
Hinten rechts/links.

Bestellen

¿Puede traer la carta?	Können Sie (mir/uns) die Karte bringen?
Querría pedir ...	Ich würde gerne ... bestellen.
Querríamos pedir ...	Wir würden gerne ... bestellen.
de entrante	als Vorspeise
de primero	als ersten Gang
de segundo	als zweiten Gang
de postre	als Nachtisch
Querría/Quisiera ...	Ich hätte gerne ...
Para mí ...	Für mich ...
La especialidad de la casa es ...	Die Spezialität des Hauses ist ...

Sonderwünsche

¿Qué vino me aconseja?	Welchen Wein empfehlen Sie mir?
¿Qué plato nos aconseja?	Welches Gericht empfehlen Sie uns?
¿Está picante?	Ist es scharf?
Soy vegetariano/-a.	Ich bin Vegetarier/in.
Soy alérgico/-a a la leche.	Ich bin auf Milch allergisch.

Was man so braucht ...

¿Qué tienen de postre?	Was haben Sie als Nachtisch?
¿Nos puede traer ... ?	Können Sie uns ... bringen?
más pan	mehr Brot
una botella de agua sin gas	eine Flasche stilles Wasser
una botella de agua con gas	eine Flasche Sprudelwasser
sal	Salz
pimienta	Pfeffer
aceite	Öl
vinagre	Essig
un cuchillo	ein Messer
un tenedor	eine Gabel
una cuchara	einen Löffel
unos palillos (de dientes)	ein paar Zahnstocher
una servilleta	eine Serviette
un café	einen Kaffee
el postre	den Nachtisch

Probleme?

Está demasiado picante/salado.	Es ist zu scharf/versalzen.
Está frío.	Es ist kalt.

Was mir sonst noch wichtig ist

COMER Y BEBER

¿Vosotros sabíais?

Si desea comer comida típica española y barata, debe visitar una de las muchas y muy populares *tascas* o *tabernas* (posadas simples), donde se encuentran las especialidades regionales auténticas, a menudo en forma de menús de almuerzo agradablemente baratos. En *restaurantes* más exclusivos, usualmente se piden varios platos, aunque ningún camarero le mirará con desprecio si se renuncia al pescado o la carne y se limita solo a entrantes o ensalada. Verdaderamente españolas son, por supuesto, las *tapas*, pequeños bocados ideales para picar entremedias como aperitivo o simplemente para comenzar una larga noche.

¡La cuenta, por favor!

En España es muy raro pedir facturas por separado. Si ha comido con amigos o conocidos, la suma final se dividirá generalmente por el número de personas. ¿Y qué pasa con la propina? Simplemente déjela en la mesa (alrededor del 5–10% de la factura). No es común la tradición alemana de decir "Geben Sie mir auf ... heraus" o "Stimmt so".

CARTA

Entrantes

- pimientos del piquillo
- espárragos
- anchoas con pan y tomate
- aceitunas
- ensaladilla
- champiñones rellenos

Primeros

- menestra de verduras
- revuelto de setas
- sopa de picadillo
- ensalada de la casa

Segundos

- chuletón a la brasa
- cordero asado
- trucha con jamón
- dorada/merluza a la plancha

Postres

- helado
- crema catalana
- tarta
- flan
- profiteroles
- natillas

Frutas

- manzana
- pera
- naranja
- piña
- melón
- sandía

Tapas

- albóndigas
- boquerones
- pulpitos
- patatas con mayonesa
- serranito
- tortilla
- montadito
- cóctel de mariscos
- pinchito de pollo
- empanada gallega

(Busque los platos que no conoce en el glosario a partir de la página 148.)

CATALUÑA – ¡IMPOSIBLE ABURRIRSE!

¡No se lo pierda! – Lugares de interés

La mayoría de los turistas en Cataluña se limitan a la capital Barcelona y a la Costa Brava, pero más allá de los pintorescos pueblos de pescadores y las encantadoras bahías, la Comunidad Autónoma de Cataluña tiene mucho que ofrecer. Para disfrutar de la auténtica Cataluña debe visitar las ciudades provinciales, como Lleida, en el interior fértil, Tarragona, que se remonta a la época romana, y Gerona, que está incrustada románticamente en el valle de Ter. Todas estas ciudades tienen una larga historia y un gran encanto.

¡Que aproveche! – Especialidades regionales

Cataluña es la sede de algunos de los templos gastronómicos más prestigiosos del planeta. Pero incluso los turistas que viajan con un presupuesto limitado no tendrán que renunciar a los placeres del paladar. Quizás el símbolo más conocido de la cocina catalana es el *alioli*, la pasta de ajo que se sirve por todos lados de aperitivo con pan. Además, hay platos fuertes a base de arroz o fideos – sobre todo los *canelones* y los *fideus* finos, verduras fritas en su mayoría en forma de *escalivada* o setas, por ejemplo las *setas con caracoles*. La *crema catalana* es conocida más allá de las fronteras de España, y los vinos catalanes, principalmente del *Penedès*, así como el *cava*, también han atraído la atención internacional.

Para especialistas – Consejos de expertos

La naturaleza pura es el lema de una "expedición" a través del extremo noroeste de Cataluña. Por ejemplo, en el *Parque nacional de Aigüestortes i Estany de Sant Maurici* los picos de las montañas de los Pirineos se elevan hacia el cielo y uno camina a través de valles profundos y a lo largo del lago de la montaña azul-verde brillante de *Sant Maurici*. Al norte del parque nacional se encuentra el *Val d'Aran*, donde no debe perderse los pintorescos pueblos de montaña como *Vielha* y *Bossòst*.

8

In Verbindung sein – Estar en contacto

E-Mails auf Spanisch!

Können Sie die folgenden fünf Sonderzeichen ihren spanischen Bezeichnungen zuordnen? Na wunderbar, dann buchstabieren Sie doch gleich mal Ihre E-Mail-Adresse oder Homepage.

1. @	a. punto
2. -	b. arroba
3. _	c. barra
4. .	d. guión bajo
5. /	e. guión

de, at oder ch?
Man sagt: .de **(punto de e)**, .at **(punto a te)** und .ch **(punto ce hache)**.

Was Sie in dieser Lektion lernen:
- wie man fragt, ob es WLAN im Zimmer gibt.
- wie man nach dem Passwort fragt.
- wie man sagt, dass etwas nicht funktioniert.
- wie man eine SIM-Karte kauft.
- wie man sich über Handytarife informiert und das Guthaben auflädt.

Billiger!
Wer sich länger in Lateinamerika aufhält, sollte sich am besten eine SIM-Karte zulegen. Auch dort bekommt man günstige Prepaid-Angebote – **prepago**.

¿Hay wifi en la habitación?

WLAN

¿Hay wifi en la habitación?
Gibt es im Zimmer WLAN?

El wifi funciona a veces sí, a veces no.
Ab und zu funktioniert das WLAN, ab und zu nicht.

Tiene red en todo el hotel.
Sie haben im ganzen Hotel Netz.

introducir la contraseña
das Passwort eingeben

Es importante escribir todo en minúsculas.
Es ist wichtig, alles in Kleinbuchstaben zu schreiben.

A lo mejor puede intentarlo otra vez.
Vielleicht können Sie es noch einmal versuchen.

La conexión es muy débil.
Die Verbindung ist sehr schwach.

Voy a mandar a alguien para controlar el hotspot.
Ich werde jemanden schicken, der den Hotspot überprüft.

Für Profis

internet*
das Internet

el hotspot
der Hotspot

el móvil
das Handy

la tablet
das Tablet

el ordenador
der Computer

el reproductor de MP3
der MP3-Player

** meist ohne Artikel gebraucht*

Aussprache
Wifi wird uifi (das w also wie im Englischen) ausgesprochen.
MP3 = eme pe tres

Hören Sie den Dialog. Was für ein Problem hat der Gast? ▶ 44

- Hola, buenas. Tengo una pregunta. ¿Hay wifi en la habitación?
- Hola. Sí, por supuesto. Y es gratuito.
- Muy bien. ¿Puede darme la contraseña, por favor?
- Aquí está. Tiene red en todo el hotel.

...

- El wifi no funciona.
- Normalmente no hay problema. ¿Está seguro de que ha introducido la contraseña correctamente? A lo mejor puede intentarlo otra vez. Es importante escribir todo en minúsculas.
- Lo he hecho como usted dice. Es que funciona a veces sí, a veces no. El problema es que la conexión es muy débil.
- Oh, lo siento, no se preocupe, entonces voy a mandar a alguien para controlar el hotspot. A ver si funciona mejor después, ¿vale?
- Sí, perfecto. Muchas gracias.

Worauf es ankommt

Fragen
¿Hay wifi en la habitación? (*Gibt es im Zimmer WLAN?*), ¿Puede darme la contraseña, por favor? (*Können Sie mir bitte das Passwort geben?*), ¿Está seguro de que ha introducido la contraseña correctamente? (*Sind Sie sicher, dass Sie das Passwort korrekt eingegeben haben?*)

Technische Probleme
... no funciona. (*... funktioniert nicht.*), z. B.: el wifi (*das WLAN*), la conexión (*die Verbindung*), el ordenador (*der Computer*), el móvil (*das Handy*), la tablet (*das Tablet*). Wenn mehrere Dinge nicht funktionieren, sagt man: ... no funcionan. (*... funktionieren nicht.*)

Ein bisschen Grammatik

Hier die Formen von poder (*können, dürfen*) in der Gegenwart:

(yo) puedo	(nosotros/-as) podemos
(tú) puedes	(vosotros/-as) podéis
(él/ella, usted) puede	(ellos/ellas, ustedes) pueden

Ejercicios

1 Verständnis und Aussprache

Sicher verstehen Sie die folgenden Sätze. Na dann bitte mal nachsprechen! ▶ 45

1. Tengo una pregunta.
2. ¿Hay wifi en la habitación?
3. El wifi es gratuito.
4. ¿Puede darme la contraseña, por favor?
5. El problema es que la conexión es muy débil.
6. Funciona a veces sí, a veces no.

2 Bitte ordnen Sie

Bitte ordnen Sie die Sätze des folgenden Dialogs so, dass er einen Sinn ergibt. Spielen Sie ihn danach zu zweit durch.

necesitar = brauchen

__ Por supuesto, señor.
__ No necesita una contraseña.
__ ¿Cuánto cuesta?
__ ¿Puede darme la contraseña?
_1_ Hola, tengo una pregunta. ¿Hay wifi en la habitación?
__ Nada, es gratuito.

3 Passende Formulierungen

Finden Sie im letzten Dialog die passenden Formulierungen für folgende Gesprächssituationen.

1. fragen, ob es im Zimmer WLAN gibt
2. fragen, ob das WLAN kostenlos ist
3. nach dem Passwort fragen
4. sagen, dass das WLAN nicht funktioniert
5. sagen, dass die Verbindung sehr schwach ist

4 Welche Verbform passt?

Ergänzen Sie die fehlenden Verbformen von poder (können, dürfen).

usar = benutzen

1. ¿(Tú) ___________ darme la contraseña para el wifi?
2. ¿(Yo) ___________ ayudarle?
3. (Nosotros) ___________ intentarlo otra vez.
4. Hay wifi en mi casa, (vosotros) ___________ usarlo.
5. ¿(Ustedes) ___________ mandar a alquien para controlar el hotspot, por favor?

5 Bitte nachspielen

Spielen Sie mit Ihrem Tischnachbarn den Dialog A nach und verwenden Sie die Ihnen bekannten Wörter und Wendungen.

- ● Hola, buenas. ¿Hay ... en la habitación?
- ■ Hola. ...
- ● ¿Puede darme ..., por favor?
- ■ ...
- ● ... no funciona.
- ■ Oh, lo siento, entonces voy a mandar a alguien ...

Telefonieren
el teléfono
das Telefon
el móvil
das Handy
Quisiera comprar ...
Ich möchte ... kaufen.
una tarjeta de teléfono
eine Telefonkarte
una tarjeta SIM
eine SIM-Karte
¿De qué compañía?
Von welcher Firma?
¿De cuánto?
Für wie viel?
De 200 (doscientos) pesos.
Für 200 Pesos.
¿Cuánto cuesta ...?
Was kostet ...?
el minuto
die Minute
un sms (ese eme ese)/un mensaje
eine SMS
Cuesta ...
Es kostet ...

Öffentliche Telefone
Quisiera llamar por teléfono.
Ich möchte gerne telefonieren.
Puede usar la cabina número ...
Sie können die Kabine ... benutzen.

Aussprache
Vorsicht, das spanische v wird nicht wie das deutsche *v* in „Vogel" ausgesprochen, sondern wie ein weiches b. B und v unterscheiden sich also nicht in der Aussprache.

Quisiera comprar una tarjeta SIM.

Hören Sie den Dialog. Was für eine SIM-Karte möchte der Kunde? ▶ 46

- Buenas tardes. Quisiera comprar una tarjeta SIM.
- ¿De contrato o de prepago?
- No, no, de prepago. ¿Cuánto cuesta?
- Aquí tenemos una con una buena tarifa. Cuesta 500 (quinientos) pesos.
- ¿Y cuánto cuesta el minuto?
- Cuesta 3 (tres) pesos el minuto. Además el establecimiento de llamada cuesta 6 (seis) pesos.
- ¿Y cuánto cuesta llamar al extranjero?
- Hay una tarifa fija, cuesta 15 (quince) pesos el minuto. La tarjeta viene con 150 (ciento cincuenta) pesos de saldo.
- Bueno, no está mal.
- Además si hace hoy una recarga recibe 300 (trescientos) pesos más de saldo.
- Vale, me la llevo.

Worauf es ankommt

Was kostet's?
Nach dem Preis fragt man: ¿Cuánto cuesta? *(Was kostet das?)*, z. B. ¿Cuánto cuesta una tarjeta SIM? *(Was kostet eine SIM-Karte?)*. Steht das Hauptwort in der Mehrzahl, wird cuesta zu cuestan: ¿Cuánto cuestan las llamadas? *(Was kosten die Anrufe?)*

Immer nützlich
Wendungen wie die folgenden kann man immer gebrauchen: Me lo llevo. *(Ich nehme es.)*, Compro ... *(Ich kaufe ...)*, ¿Qué tengo que hacer para ...? *(Was muss ich tun, um ... zu ...)*, Usted tiene que ... *(Sie müssen ...)*

Ein bisschen Grammatik

Weitere Formen von wichtigen Verben, die Sie bereits kennen, sind u. a.:

(nosotros/-as) debemos	wir müssen/sollen
(yo) quiero	ich will
(nosotros/-as) queremos	wir wollen
(yo) querría/quisiera	ich würde gerne/möchte
(nosotros/-as) querríamos/ quisiéramos	wir würden gerne/ möchten

Ejercicios

1 Verständnis und Aussprache

Das Verständnis und die Aussprache sind der Schlüssel zu jeder Sprache. ▶ 47
Bitte die folgenden Sätze wiederholen!

1. Querría comprar una tarjeta SIM de esta red.
2. Cuesta 500 pesos con 150 pesos de saldo.
3. ¿Hay una tarifa fija?
4. Sí, las llamadas cuestan 3 pesos el minuto.
5. Vale, quisiera también una recarga de 300 pesos.
6. ¿Cuánto cuesta un sms?

2 Was passt zueinander?

Hier sind die Satzteile durcheinandergeraten. Können Sie immer zwei Teile zuordnen?
Am besten zusammen mit Ihrem Tischnachbarn.

1. ¿Cuánto cuesta ...	a. las llamadas?
2. ¿Cuál es el ...	b. que llamar para la recarga?
3. ¿Cuánto cuestan ...	c. este código, ¿verdad?
4. ¿A qué número tengo ...	d. una tarjeta SIM?
5. Tengo que marcar ...	e. para llamar a Austria?
6. ¿Qué tengo que hacer ...	f. prefijo internacional de Suiza?

código = Code
marcar = wählen
prefijo = Vorwahl

3 Hören und verstehen

Können Sie die Aussage ergänzen bzw. die Fragen ▶ 48
zu dem Hörtext beantworten?

1. Pedro quiere comprar ...	a. una tarjeta SIM
	b. un móvil
2. De contrato, ¿verdad?	a. Sí, de contrato.
	b. No, de prepago.
3. ¿La tarjeta tiene cuánto saldo?	a. 100 pesos.
	b. 500 pesos.
4. ¿Cuánto cuesta el minuto?	a. Cuesta 5 pesos.
	b. Cuesta 15 pesos.

4 Können Sie's zuordnen?

Ordnen Sie den deutschen Sätzen die spanischen Übersetzungen zu.

1. Gibt es eine Grundgebühr?	a. Tiene que marcar un código.
2. Was kostet das Telefonat?	b. ¿Cuánto cuesta la llamada?
3. Ich möchte ein Handy kaufen.	c. Tengo que llamar.
4. Ich muss telefonieren.	d. ¿Hay una tarifa fija?
5. Sie müssen einen Code wählen.	e. Quisiera comprar un móvil.

5 Bitte nachspielen

Spielen Sie mit Ihrem Tischnachbarn den Dialog B nach und
verwenden Sie die Ihnen bekannten Wörter und Wendungen.

- ● Buenas tardes. ...
- ■ ¿De contrato o de prepago?
- ● De ...
- ■ Aquí tenemos una con ...
- ● ¿Y cuánto cuesta ...?
- ■ Cuesta ... Además ...
- ● Vale, ...

Lo más importante de un vistazo

Mehr zum Handy 49

¿Tiene cargador/ batería para este móvil?
Haben Sie ein Ladegerät/einen Akku für dieses Handy?

¿Qué hay que hacer para activar la tarjeta?
Wie aktiviere ich die Karte?

He perdido mi código PIN.
Ich habe meinen PIN-Code verloren.

¿Cuál es el teléfono de atención al cliente?
Wie ist die Telefonnummer des Kundendienstes?

Wiederaufladen

Quisiera recargar mi número de móvil con 10 euros.
Ich würde gerne mein Guthaben mit 10 Euro aufladen.

¿Qué número tengo que marcar?
Welche Nummer muss ich wählen?

WLAN

¿Hay wifi en la habitación?	Gibt es im Zimmer WLAN?
¿Puede darme la contraseña, por favor?	Können Sie mir bitte das Passwort geben?
No necesita una contraseña.	Sie brauchen kein Passwort.
introducir la contraseña	das Passwort eingeben
Es importante escribir todo en minúsculas.	Es ist wichtig, alles in Kleinbuchstaben zu schreiben.
A lo mejor puede intentarlo otra vez.	Vielleicht können Sie es noch einmal versuchen.
La conexión es muy débil.	Die Verbindung ist sehr schwach.
Voy a mandar a alguien para controlar el hotspot.	Ich werde jemanden schicken, der den Hotspot überprüft.

Telefonieren

el teléfono	das Telefon
el móvil	das Handy
Quisiera comprar ...	Ich würde gerne ... kaufen.
una tarjeta de teléfono	eine Telefonkarte
una tarjeta SIM	eine SIM-Karte
¿De qué compañía?	Von welcher Firma?
¿De cuánto?	Für wie viel?
De ... pesos.	Für ... Pesos.
¿Hay una tarifa fija?	Gibt es einen festen Tarif?
¿Cuánto cuesta ...?	Was kostet ...?
el minuto	die Minute
un sms/un mensaje	eine SMS
el establecimiento de llamada	der Verbindungsaufbau
Cuesta ...	Es kostet ...

Öffentliche Telefone

Quisiera llamar por teléfono.	Ich möchte gerne telefonieren.
Puede usar la cabina número ...	Sie können die Kabine ... benutzen.
¿Cuánto cuesta ...?	Was kostet es ...?
llamar a Alemania	nach Deutschland zu telefonieren
¿Cuál es el prefijo internacional de Alemania?	Wie ist die internationale Vorwahl von Deutschland?

Was mir sonst noch wichtig ist

INTERNET Y TELÉFONO

Siempre en línea

También en España, el acceso al WWW es cada vez más fácil. Afortunadamente, la mayoría de los hoteles y posadas ya ofrecen acceso gratuito a Internet en la habitación o en el vestíbulo. Como ya prácticamente todo el mundo tiene un teléfono con conexión a internet, los "internet cafés" prácticamente han desaparecido del panorama nacional.

¿Diga?

Normalmente los españoles contestan al teléfono con *¿Diga?* o *¿Dígame?* y no como en alemán con su apellido. Así que no cuelgue porque crea que se equivocó de número ...

¿Vosotros sabíais?

¿Sabía que el código regional también debe marcarse dentro de la ubicación respectiva, de línea fija a línea fija o de móvil a línea fija?
El código nacional de España es 0034. Desde España, se deben marcar en primer lugar los siguientes números: Alemania: 0049, Austria: 0043, Suiza: 0041.

VALENCIA – NO SOLO PARA LOS FANÁTICOS DE LA PAELLA

¡No se lo pierda! – Lugares de interés

Valencia es una de las ciudades más visitadas de España. La ciudad mediterránea está rodeada de fértiles hortalizas, arrozales y paisajes frutales y tiene un estilo típicamente español. Explore las animadas tabernas en el centro histórico del *Barrio del Carmen*, pasee por el pintoresco *Mercado Central*, observe el ajetreo valenciano en la *Plaza de la Virgen* o la *Plaza del Ayuntamiento*, relájese en el jardín botánico o pasee a través del lujoso *Puerto Deportivo*.

¡Que aproveche! – Especialidades regionales

El plato más famoso de Valencia es, sin duda, la *paella*, la famosa sartén de arroz, que se sirve de varias maneras, entre ellas *a la valenciana* (con pollo, conejo y caracoles) o *a la marinera* (con pescado y marisco). Las alternativas son el *arroz negro* (similar a la *paella*, pero con sepia y arroz negro por la tinta), *arroz al horno* (cacerola de arroz en olla romana) o *fideuà* (paella de fideos). También es típico el *turrón de almendra* y la *horchata de chufa*, que se toma para desayunar con *fartons* (barras de levadura). Fuerte pero deliciosa es el *agua de Valencia*, una especie de ponche hecho de vino espumoso, ginebra, vodka y zumo de naranja.

Para especialistas – Consejos de expertos

Muy tradicionales son las *Fallas de Valencia*, una celebración del 15 al 19 de marzo en honor a San José, donde esculturas impresionantes hechas de papel maché y otros materiales combustibles serán quemadas solemnemente en el último día de la fiesta.

9

In der Bank und auf der Post – En el banco y en Correos

Was Sie in dieser Lektion lernen:
- wie man bei Problemen am Geldautomaten reagiert.
- wie man im Tabakladen Briefmarken und anderes kauft.
- wie man auf der Post eine Sendung aufgibt.

Herzliche Urlaubsgrüße

Können Sie die Texte dieser drei Postkarten aus Spanien den drei Fotos zuordnen? Gar nicht so schwer, oder?

*¡Hola amigos!
¿Cómo estáis? Yo espectacular, aquí en el camino de Santiago.
Hasta luego, Georg*

*Estimado Antonio:
¿Qué tal el verano en casa? Te mandamos un abrazo desde Tenerife,
Claudia & Peter*

*Estimados Señores García:
Muchos saludos desde Salamanca.
Cordialmente, Reiner Meyer*

Die spanische Post ist ein öffentliches Unternehmen mit etwa 65.000 Angestellten und ca. 10.000 Zweigstellen, an denen verschiedenste Versanddienstleistungen angeboten werden. Mehr Informationen gibt es unter **www.correos.es**

Am Geldautomaten
el cajero automático
der Geldautomat

la tarjeta de crédito
die Kreditkarte

la tarjeta de débito
die EC-Karte

Retire la tarjeta/el dinero.
Entnehmen Sie die Karte/das Geld.

Pulse "confirmar"/ "cancelar"/"corregir".
Drücken Sie „Bestätigen"/ „Abbrechen"/ "Korrektur".

Probleme
¿Qué tengo que hacer?
Was muss ich machen?

¿Ha introducido mal su código?
Haben Sie die falsche Geheimzahl eingegeben?

Su banco tiene que mandarnos un correo electrónico.
Ihre Bank muss uns eine E-Mail schicken.

¿Cuándo puedo recuperar mi tarjeta?
Wann kann ich meine Karte wieder haben?

He perdido la tarjeta de crédito.
Ich habe meine Kreditkarte verloren.

Der Imperativ
Ist für viele Verben unregelmäßig: decir (sagen) → ¡diga! (sagen Sie!), introducir (einführen) → ¡introduzca! (führen Sie ein!)

El cajero se ha bloqueado.

Hören Sie den Dialog. Wer sagt was? Schreiben Sie K für die Kundin und B für den Bankangestellten auf die Linien. ▶ 50

Inserte la tarjeta …
Introduzca su código secreto y pulse "confirmar".
Tarjeta no válida. Inserte la tarjeta …
__ ¿Cómo?
Inserte la tarjeta …
__ ¡Pero la tarjeta ya está dentro!
Inserte la tarjeta …
__ Buenos días, dígame …
__ ¡El cajero automático se ha bloqueado y no me devuelve la tarjeta!
__ ¿A lo mejor ha introducido mal su código?
__ No, no, el código está bien, estoy segura.
¿Qué tengo que hacer para recuperar mi tarjeta?
__ No se preocupe, mañana puede recuperarla.
__ ¿Cómo? ¡¿Mañana?! ¿No puedo recuperarla inmediatamente?
No tengo dinero y además tengo que pagar el hotel.
__ Su banco tiene que mandarnos un correo electrónico con la autorización.
Es por motivos de seguridad. Lo siento pero son las normas …
__ Bien. Dígame la dirección de correo electrónico.

Worauf es ankommt

Probleme am Geldautomaten
Bei Problemen helfen Sätze wie: ¡El cajero no me devuelve la tarjeta! *(Der Geldautomat gibt mir die Karte nicht zurück!)* oder … no reconoce la tarjeta. *(… erkennt die Karte nicht an.)*

Persönliche Infos
Bei Schwierigkeiten fragt man Sie wahrscheinlich: ¿Cuál es su banco? *(Wie heißt Ihre Bank?)*, ¿Cuál es el código IBAN? *(Wie ist der IBAN-Code?)* oder ¿Cuál es su número de cuenta? *(Wie ist Ihre Kontonummer?)*

Ein bisschen Grammatik

Verben auf -ar bilden das Partizip der Vergangenheit auf -ado/-ada, Verben auf -er und -ir meist auf -ido/-ida:
bloquear *(blockieren)* → bloqueado *(blockiert)*
vender *(verkaufen)* → vendido *(verkauft)*
introducir *(einführen)* → introducido *(eingeführt)*
Mehr zu diesem Thema lernen Sie in Lektion 12 auf Seite 98.

Ejercicios

1 Verständnis und Aussprache

Sprechen Sie bitte diese Sätze nach! Wenn Sie sich den A-Dialog gut durchgelesen haben, sollte das Verständnis keine Probleme machen. ▶ 51

1. Buenas tardes señora, dígame ...
2. Tengo un problema con el cajero automático.
3. No me devuelve la tarjeta de crédito.
4. ¿Ha introducido mal su código?
5. ¿Qué debo hacer para recuperar la tarjeta?
6. Mi banco puede mandar un correo electrónico con la autorización.

2 Welche Verben passen?

Auweia, hier fehlt was! Lesen Sie die Sätze jeweils zu zweit und ergänzen Sie die fehlenden Verben.

está – preocupe – pagar – bloqueado – estoy – puede

1. Tengo que ________________ el hotel.
2. ¿Usted ________________ mandar un correo electrónico?
3. El código ________________ bien.
4. ________________ seguro.
5. ¡No se ________________!
6. El cajero se ha ________________.

3 Bilden Sie die Partizipien

Können Sie sich an die Bedeutungen all dieser Verben erinnern? Dann bilden Sie bitte zu zweit die Partizipien.

1. bloquear
2. marcar
3. introducir
4. mandar
5. preocupar
6. perder

4 Werden Sie spanischer Rechenmeister

Geben Sie Ihrem Tischnachbarn ausgehend von 20 eine der folgenden Rechenanweisungen. Dieser sagt das Ergebnis und stellt dann ausgehend davon seinem Nachbarn die nächste Rechenaufgabe.

20 **más 14** son **34**. 34 **menos 32** son **2**.

1. más 14
2. menos 32
3. más 17
4. más 55
5. menos 42
6. menos 19
7. más 36
8. menos 10
9. menos 14
10. más 30
11. menos 9
12. más 26

más = mehr, plus
menos = weniger, minus

5 Bitte nachspielen

Spielen Sie in Zweiergruppen das Gespräch zwischen dem Touristen und dem Bankangestellten nach. Hier eine Anregung, welche Wörter darin vorkommen sollten.

- ■ ... dígame ...
- ● ... problema ... el cajero automático ... bloqueado ... no me devuelve ... tarjeta de crédito ...
- ■ ... introducido mal ...
- ● ... ¿Qué tengo que hacer ahora? ...
- ■ Su banco ... mandar un correo electrónico ...

Am *quiosco* (Zeitungskiosk)
Me llevo ...
Ich nehme ...

esta postal
diese Postkarte

un sello
eine Briefmarke

un periódico/una revista
eine Zeitung/eine Zeitschrift

Auf der Post
(la oficina de) Correos
die Post/das Postamt

la carta
der Brief

el paquete
das Paket

el paquete pequeño
das Päckchen

¿Normal o certificado/-a?
Normal oder eingeschrieben?

Con acuse de recibo.
Mit Empfangsbestätigung.

Aussprache
s wird auch vor c, p oder t als s gesprochen und nicht wie im Deutschen als sch wie in „Sport" oder „Stall": especial, postal etc.

Quisiera enviar este paquete.

Hören Sie den Dialog. Für welche Versandart entscheidet sich der Kunde? 52

- ● Buenas. Me llevo este periódico, estas postales y tres sellos para Alemania, por favor.
- ■ Son seis euros.
- ● ¡Ah! Y un paquete de chicles de menta.
- ■ Lo siento pero no me quedan ...
- ● Vaya ... Perdone, ¿dónde puedo enviar este paquete?
- ■ En la oficina de Correos.

...

- ▲ ¡El siguiente!
- ● Buenos días. Quisiera enviar este paquete a Alemania.
- ▲ ¿Normal o por avión?
- ● Normal, por favor. ¿Hay una tarifa especial para libros?
- ▲ Sí, son cinco euros y veinte céntimos.
- ● Aquí tiene.
- ▲ Y este es su recibo. Buen día.

Worauf es ankommt

Post versenden
Man sagt: Quisiera enviar ... *(Ich möchte ... schicken.)* gefolgt von der jeweiligen Sendung. Nach Briefmarken fragt man: Necesito un sello/dos sellos para ... *(Ich brauche eine Briefmarke/zwei Briefmarken nach ...)* gefolgt vom jeweiligen Land.

Es kostet ...
Man hört: Cuesta/Cuestan ... *(Es kostet/Sie kosten ...)* oder einfach Son ... (Das macht ...), En total son 5 euros. *(Zusammen macht das 5 Euro.)*

Ein bisschen Grammatik

Bei querría handelt es sich um den Konditional *(ich würde wollen)*, bei quisiera um das Perfekt des Konjunktivs *(ich hätte gewollt)*. Beide Ausdrücke werden wie das deutsche „ich möchte/hätte gerne" benutzt: Querría/Quisiera un periódico alemán. *(Ich möchte eine deutsche Zeitung.)*

Ejercicios

1 Verständnis und Aussprache

Verstehen Sie alle Sätze? Na dann bitte wieder nachsprechen! ▶ 53

1. Me llevo esta postal.
2. Necesito también sellos.
3. Quisiera mandar este paquete a Austria.
4. Hay una tarifa especial para libros, ¿verdad?
5. Son ocho euros y cincuenta céntimos.

2 Ordnung ist die halbe Übung!

Können Sie diesen Dialog zu zweit wieder in die richtige Reihenfolge bringen und nachspielen?

__ ¿El sello es para España?
__ Sí, necesito también un sello.
__ Entonces son tres euros.
__ ¿Algo más?
_1_ Hola, me llevo esta postal, por favor.
__ Aquí tiene, gracias.
__ No, es para Suiza.

3 Hören und verstehen

Bitte achten Sie bei diesem Hörtext erneut genau auf alle Informationen und ergänzen Sie die Äußerungen bzw. beantworten Sie die Frage. ▶ 54

1. Carmen quiere enviar ... a. un paquete
   b. una carta
2. ¿Normal o por avión? a. Normal.
   b. Por avión.
3. Se lleva también ... a. tres postales
   b. tres sellos

4 Bitte vervollständigen

Setzen Sie die angegebenen Wörter in den Mustersatz ein.

Querría mandar **este paquete** a **Alemania**.

1. este paquete – Alemania
2. esta postal – Austria
3. esta carta – Suiza
4. estos paquetes – Francia
5. estas postales – Italia
6. estas cartas – España

5 Bitte nachspielen

Wieder sollen Sie hier den Lektionsdialog nochmal in Zweiergruppen durchspielen. Was Sie verschicken möchten, ist Ihnen selbst überlassen.

- ■ ¡El siguiente!
- ● Buenos días. Quisiera enviar ... a ...
- ■ ¿Normal o por avión?
- ● ..., por favor. ¿Hay una tarifa especial para ...?
- ■ ..., son ... euros y ... céntimos.
- ● Aquí tiene.
- ■ Y este es su recibo. Adiós.

Lo más importante de un vistazo

Wichtige Ausdrücke ▶ 55

Dígame ...
hier: Bitte?

¡No se preocupe!
Keine Sorge!

¿Cómo?
Wie (bitte)?

¿Es posible?
Geht das? / Ist das möglich?

Im *estanco* (Tabakladen)

el cigarrillo
die Zigarette

el puro
die Zigarre

el mechero
das Feuerzeug

el mapa (de la ciudad)
der Stadtplan

los caramelos
Bonbons

Am Geldautomaten

el cajero automático	der Geldautomat
la tarjeta de crédito	die Kreditkarte
la tarjeta de débito	die EC-Karte
Introduzca el código secreto.	Geben Sie den PIN-Code ein.
Inserte la tarjeta.	Führen Sie die Karte ein.
Retire la tarjeta/el dinero.	Entnehmen Sie die Karte/das Geld.
Pulse ... confirmar/cancelar/corregir	Drücken Sie ... bestätigen/abbrechen/Korrektur

Probleme

Tengo un problema con el cajero automático.	Ich habe ein Problem mit dem Geldautomaten.
No puedo sacar dinero.	Ich kann kein Geld abheben.
No me devuelve la tarjeta.	Er gibt mir die Karte nicht zurück.
¿Qué tengo que hacer?	Was muss ich machen?
¿Ha introducido mal su código?	Haben Sie die falsche Geheimzahl eingegeben?
He perdido la tarjeta de crédito.	Ich habe meine Kreditkarte verloren.
¿Cuándo puedo recuperarla?	Wann kann ich sie wieder haben?
¿Puedo retirar dinero en la ventanilla?	Kann ich am Schalter Geld abheben?

Am *quiosco* (Zeitungskiosk)

Me llevo ...	Ich nehme ...
Necesito ...	Ich brauche ...
un periódico	eine Zeitung
una revista	eine Zeitschrift
chicles	Kaugummi

Auf der Post

el correo	die Post
la postal	die Postkarte
la carta	der Brief
el paquete	das Paket
el paquete pequeño	das Päckchen
el sello	die Briefmarke
¿Normal o certificado/-a?	Normal oder eingeschrieben?
¿Con acuse de recibo?	Mit Empfangsbestätigung?
¿Tienen sobres/cajas?	Haben Sie Kuverts/Boxen?

Was mir sonst noch wichtig ist

BANCOS Y OFICINAS DE CORREOS

¿Vosotros sabíais?

La tarjeta de débito se puede utilizar – pagando a veces una comisión – en cualquier cajero automático con un PIN para retirar efectivo. Las tarifas por retirar con tarjeta de crédito son generalmente más altas. Se aceptan tarjetas de crédito en la mayoría de los restaurantes y tiendas, así como en todas las estaciones de servicio.

En la oficina de correos

En la era de los mensajes de texto y correos electrónicos, las cartas postales pueden parecer anticuadas, pero muchas personas en su país se alegrarán de recibir un pequeño saludo postal. Los buzones amarillos usualmente tienen ranuras separadas para correo de ciudad y correo extranjero. Los *sellos* pueden obtenerse en las *oficinas de correos* y también en la mayoría de los quioscos de prensa (*estancos*).

La oficina de correos más hermosa del mundo

El impresionante *Palacio de Comunicaciones* en la *Plaza de Cibeles* es la antigua oficina de correos de Madrid. Ha existido desde 1909 y todavía se considera uno de los más magníficos edificios de la capital española y quizás hasta la oficina de correos más hermosa del mundo. A la administración de la ciudad también le gustó, así que en 2007 se mudó aquí el ayuntamiento. Por ello, tendrá que enviar sus postales desde otro sitio.

ISLAS CANARIAS – ¡BIENVENIDO A LA PRIMAVERA ETERNA!

¡No se lo pierda! – Lugares de interés

Las Islas Canarias – Fuerteventura, La Gomera, Gran Canaria, El Hierro, Lanzarote, La Palma y Tenerife – utilizan en su publicidad el lema *¡Bienvenidos a las islas de la primavera eterna!* Pero esto no significa que solo valga la pena venir por el sol y el mar. Pasee por un mercado en Las Palmas de Gran Canaria o Santa Cruz de Tenerife y le sorprenderá la rica oferta de frutas frescas, casi exóticas, pescado y verduras. También en cuanto a la cultura las islas tienen mucho que ofrecer, como por ejemplo las numerosas fiestas patronales, los carnavales y la música. Durante los últimos años el *Auditorio Alfredo Kraus* en Las Palmas de Gran Canaria y el *Auditorio de Tenerife Adán Martín* invitaron a artistas de todo el mundo.

¡Que aproveche! – Especialidades regionales

Son maravillosos los zumos frescos de fruta disponibles en todo lugar. Son de mango, papaya o plátano. Para obtener un poco de energía, ocasionalmente se recomiendan las variaciones locales de café como el *barraquito* (expreso con leche, azúcar, piel de limón, canela y licor) o el *cortado de leche y leche* (expreso con leche normal y leche condensada). Las deliciosas *papas arrugadas*, pequeñas patatas cocidas con piel acompañadas de mojo (salsa de pimienta), la *ropa vieja* (carne desmenuzada con garbanzos) o el *sancocho canario* (pescado con patatas cocidas) ayudan a combatir el hambre. Algo especial son los vinos blancos de Lanzarote llamados *malvasía*, que se prensan en su propio proceso de cultivo en campo seco en esta tierra de lava.

Para especialistas – Consejos de expertos

¿Ya no quiere más playa? ¡Aquí está la aventura! Explore la diversidad escénica de las islas, por ejemplo, en el *Parque Nacional de Timanfaya* en Lanzarote, donde la lava brilla en muchos colores, en el desierto de *Maspalomas* en Gran Canaria o en el exuberante bosque de laureles de La Gomera.

10

Auf Reisen – De viaje

Das liebe Wetter!

Sehen Sie sich die Fotos an und versuchen Sie, jedes mit einem der folgenden Sätze zum Thema Wetter in Verbindung zu bringen.

1. Llueve.
2. Hace sol.
3. Hay viento.
4. Hace frío.
5. Hace/Hay niebla.

Was Sie in dieser Lektion lernen:
- wie man sich nach dem richtigen Fahrschein erkundigt.
- wie man fragt, welches Verkehrsmittel man am besten nimmt.
- wie man ein Fahrrad mietet.
- wie man Small Talk macht.
- wie man das Wetter beschreibt.

España en bici
Viele spanische Städte eignen sich bestens dazu, per „Drahtesel“ erkundet zu werden. Praktisch überall finden sich lokale Vermieter.

Bus, Straßenbahn, U-Bahn
el autobús
der Bus
el metro
die U-Bahn
el tranvía
die Straßenbahn
la parada
die Haltestelle
la estación
der Bahnhof/die Station
la última parada/la estación final
die Endhaltestelle
¿Tengo que hacer transbordo?
Muss ich umsteigen?
Sí, tiene que bajarse en ...
Ja, Sie müssen in ... aussteigen.
¿En qué dirección?
In welche Richtung?
¿Me puede decir cuándo llegamos a ...?
Können Sie mir sagen, wann wir in ... ankommen/sind?
¿Me puede avisar antes?
Können Sie mir vorher Bescheid geben?

Fahrkarten
¿Dónde puedo comprar el billete?
Wo kann ich die Fahrkarte kaufen?
Necesito un billete sencillo.
Ich brauche eine einfache Fahrkarte.
¿Hay que picar el billete?
Muss man die Fahrkarte entwerten?

Tiene que bajarse en la próxima parada ...

Hören Sie den Dialog. Welche Buslinie fährt zum Flughafen? ▶ 56

- Buenos días, un billete, por favor.
- Son dos euros.
- Perdone, ¿cuánto cuesta un bono semanal?
- El bono semanal cuesta 20 euros pero no puede comprarlo aquí en el autobús, tiene que comprarlo en un quiosco.
- Bueno, ahora solo necesito un billete sencillo. Quiero ir al aeropuerto.
- Pues lo siento mucho pero este autobús no va al aeropuerto. Este es el número 12 y el que va al aeropuerto es el 21.
- ¿Y ahora qué hago para ir al aeropuerto? ¡Voy a perder el avión!
- Tiene que bajarse en la próxima parada y coger el metro en dirección Plaza de España. De allí sale la línea 21 al aeropuerto ...
- Gracias, muy amable.

Worauf es ankommt

Wie komme ich nach/zu ...?
Man fragt am besten: ¿Qué hago para ir a ...? oder einfach ¿Cómo voy a ...? *(Wie komme ich nach/zu ...?)*

Transportverbindungen
Wichtige Sätze: Bájese en ... *(Steigen Sie in ... aus.)*, Vaya hasta la estación ... *(Fahren Sie bis zur Station ...)*, Tiene que/Hay que coger la línea ... *(Sie müssen/Man muss die Linie ... nehmen.)*

Ein bisschen Grammatik

Man bildet die Zukunft, indem man vor die Grundform eines Verbs die gebeugten Formen von ir a *(gehen zu)* stellt:

(yo) voy a perder	ich werde verpassen
(tu) vas a coger	du wirst nehmen
(él/ella) va a comprar	er/sie wird kaufen
(usted) va a llegar	Sie werden ankommen
(nosotros/-as) vamos a ir	wir werden gehen/fahren

Ejercicios

1 Verständnis und Aussprache

Die alte Story! Erst verstehen und dann ganz einfach nachsprechen, bitte! ▶ 57

1. Quisiera un billete sencillo.
2. ¿Qué hago para ir a la estación?
3. Coja el autobús, son seis paradas.
4. ¿Qué número tengo que coger y dónde me bajo?
5. Coja el número 5 y bájese en la estación final.

coja = nehmen Sie

2 Präposition + Artikel

Wohin möchten Sie? Bilden Sie zu zweit Sätze, aber Vorsicht: die richtige Kombination aus Präposition und Artikel (also al oder a la) müssen Sie selbst finden. Unbekannte Wörter können Sie im alphabetischen Wortschatz nachschlagen.

¿Qué hago para ir **al aeropuerto?**

1. aeropuerto	5. zoológico
2. puerto	6. mar
3. estación	7. mercado
4. plaza de toros	8. parque municipal

3 Was man später kann besorgen ...

Setzen Sie diese Sätze bitte jeweils in die Zukunft, und zwar immer abwechselnd mit Ihrem Tischnachbarn. Das Beispiel zeigt Ihnen nochmals das Prinzip.

Está bien, le **aviso**. → Está bien, le **voy a avisar**.

1. Está bien, le aviso.
2. Usted coge el número tres.
3. Tú compras el billete en el autobús.
4. Usted solo necesita un billete sencillo.
5. Dígame por favor, ¿cuándo llegamos?

4 Was gehört wohin?

Vervollständigen Sie die Sätze mit den dazugehörigen Wörtern. Gar nicht so schwierig, oder?

hasta – paradas – coger – mensual – línea – billete

1. ¿Cuánto cuesta un bono ____________________?
2. Necesito un ____________________ sencillo, por favor.
3. Vaya ____________________ la estación Plaza del Triunfo.
4. Hoy hay huelga, tienes que ____________________ un taxi.
5. Voy al centro, ¿cuántas ____________________ son?
6. Disculpe, ¿qué ____________________ hay que coger?

huelga = Streik

5 Fernweh

Auf Seite 144 finden Sie einen Metroplan. Ausgangspunkt ist Estación central. Jeder fragt seinen Tischnachbarn, wie er zu einem bestimmten Ziel kommt, und lässt sich den Weg nach dem Musterdialog erklären.

- ■ ¿Qué hago para ir a ...?
- ● Es fácil, hay que coger la línea de metro ..., bajas en ...
- ■ ¿Y después?
- ● De ahí coges la línea ... en dirección ... hasta llegas a la estación ...

Mit dem Fahrrad
La bici(cleta)
Das Fahrrad
... está pinchada.
... hat einen Platten.
Los frenos no funcionan.
Die Bremsen funktionieren nicht.
El cambio de marchas no funciona.
Die Gangschaltung funktioniert nicht.
El sillín está roto.
Der Sitz ist kaputt.
¿Hay carril bici aquí?
Gibt es hier Radwege?
¿Tiene un mapa de la ciudad?
Haben Sie einen Stadtplan?

Das liebe Wetter
Cómo está el tiempo, ¿no?
Was für ein Wetter?!
¡Qué día tan bonito!
Was für ein schöner Tag!
¡Qué tiempo más malo!
Was für ein schlechtes Wetter!
¿Llueve siempre tanto aquí?
Regnet es hier immer so viel?
¿Cómo va a estar el tiempo mañana?
Wie wird das Wetter morgen?
Creo que va a mejorar.
Ich glaube, es wird besser.

Quisiera alquilar una bicicleta.

Hören Sie den Dialog und setzen Sie die fehlenden Ausdrücke ein. ▶ 58

hace calor – qué frío hace – inestable – llueve

- Buenas, quisiera alquilar una bicicleta.
- ¿La quieres para hoy?
- Sí.
- Mmm ... tienes que esperar un poco. Solo nos queda una y está pinchada; hay que repararla.
- ¡Ay Dios! ¿Tengo que esperar mucho?
- No, no. Unos cinco minutos.
- Bueno, no hay problema.
- Vaya, ____________________ hoy, ¿no?
- ¡Sí! ¿Siempre hace tanto frío aquí?
- ¡No! Es que en abril el tiempo siempre es bastante ____________________. Unos días ____________________, otros días ____________________ ...
- Hace más frío que en mi país.
- ¿De dónde eres?
- Soy alemán, de Hamburgo.

...

- ¡Ah, mira! ¡Ya está lista la bicicleta!

Worauf es ankommt

Ein Fahrzeug mieten
Man sagt: Quisiera alquilar ... *(Ich möchte ... mieten.)*, z. B. una bici(cleta) *(ein Fahrrad)*, un coche *(ein Auto)* oder una moto/un escúter *(ein Motorrad/einen Roller)*. Darauf fragt man Sie sicher: ¿Por/Para cuánto tiempo? *(Für wie lange?)*
Die Antwort lautet z. B.: por/para ... *(für ...)* und dann una hora *(eine Stunde)*, dos horas *(zwei Stunden)*, un día *(einen Tag)*, una semana *(eine Woche)* oder el fin de semana *(das Wochenende)*. La/Lo devuelvo ... *(Ich bringe es/ihn ... zurück.)*

Das Wetter
Man sagt: Hace frío/calor. *(Es ist kalt/heiß.)*, Hace buen/mal tiempo. *(Das Wetter ist schön/schlecht.)*, Está nublado. *(Es ist bewölkt.)*, Hace sol. *(Es ist sonnig.)*, Hay viento. *(Es ist windig.)*, Está lloviendo. *(Es regnet gerade.)*, Está nevando. *(Es schneit gerade.)*, Hace/Hay niebla. *(Es ist neblig.)*. Als Ausruf hört man auch: ¡Qué calor/frío hace hoy! *(Wie heiß/kalt es heute ist!)*

Ein bisschen Grammatik

Man steigert mit dem Wörtchen más *(mehr)*:
Hace frío. *(Es ist kalt.)* → Hace más frío. *(Es ist kälter.)*

Ejercicios

1 Verständnis und Aussprache

Alles verstanden? Dann sprechen Sie bitte die Sätze nach! ▶ 59

1. Hola, quisiera alquilar una moto.
2. Sí, está bien. ¿Por cuánto tiempo?
3. Para el fin de semana. La devuelvo el lunes.
4. ¿Cuánto tiempo tengo que esperar aún?

aún = noch

2 Was passt zueinander?

Können Sie jeder Frage eine logische Antwort zuordnen?
Bitte die Minidialoge zusammen mit Ihrem Tischnachbarn durchspielen.

1. ¿Hay carril bici aquí?	a. No, solo cinco minutos.
2. ¿De dónde eres?	b. Sí, pero solo en el centro.
3. ¿Hace frío hoy?	c. Solo dos días.
4. ¿Por cuánto tiempo?	d. Sí, pero solo si no llueve.
5. ¿Hay que esperar mucho?	e. No, hace mucho calor.
6. ¿Te gusta ir en bici?	f. De Berlín.

3 Hören und verstehen

Einfach den Text aufmerksam anhören, dann macht es Ihnen sicher keine Probleme, die Aussagen richtig zu ergänzen und die Frage zu beantworten. ▶ 60

1. Alberto quiere alquilar ...	a. una bicicleta
	b. dos bicicletas
2. Tiene que esperar ...	a. unos cinco minutos
	b. unos quince minutos
3. ¿Qué tiempo hace?	a. Hace frío.
	b. Hace calor.

4 Das liebe Wetter

Auch in Spanien ist das Wetter ein beliebtes Gesprächsthema. Sagen Sie auf Spanisch, dass ...

1. es heute heiß ist
2. es kalt ist und schneit
3. das Wetter schön ist und es sonnig ist
4. das Wetter schlecht ist und es neblig ist
5. es bewölkt und windig ist
6. Sie glauben, dass es besser wird

5 Was möchten Sie mieten?

Bitte spielen Sie diese Situation mit Ihrem Tischnachbarn durch, indem Sie die angegebenen Wendungen benutzen.

- ■ Quisiera alquilar un coche/una moto/un escúter.
- ● ¿Por cuánto tiempo?
- ■ Por ... ¿Cuánto cuesta al día?
- ● Cuesta ... euros.

Lo más importante de un vistazo

Wichtige Ausdrücke 61

Lo siento mucho.
Tut mir sehr leid.

Muy amable.
Sehr freundlich.

¡Ay Dios (mio)!
Oh (mein) Gott!

Bueno ...
O.K. ... / Nun gut ...

¡Mira!
Schau mal!

ya ...
schon ...

¡Ya está!
Es ist schon soweit!

Bus, Straßenbahn, U-Bahn

el autobús	der Bus
el metro	die U-Bahn
el tranvía	die Straßenbahn
la parada	die Haltestelle
la estación	der Bahnhof/die Station
¿Hay que hacer transbordo?	Muss man umsteigen?
Sí, tiene que bajarse en ...	Ja, Sie müssen in ... aussteigen.
¿En qué dirección?	In welche Richtung?
¿Me puede avisar antes?	Können Sie mir vorher Bescheid geben?

Fahrkarten

¿Dónde puedo comprar ...?	Wo kann ich ... kaufen?
un billete sencillo	eine einfache Fahrkarte
un bono semanal/mensual	eine Wochen-/Monatskarte

Im Taxi

el taxi	das Taxi
el taxista	der Taxifahrer
¿Puede llamar a un taxi?	Können Sie ein Taxi rufen?
Necesito un taxi en ...	Ich brauche ein Taxi bei/in ...
¿Está libre?	Sind Sie frei?
¿Puede esperar aquí?	Können Sie hier warten?
¿Cuánto cuesta al aeropuerto?	Was kostet es zum Flughafen?

Small Talk

¡Qué calor/frío hace hoy!	Wie heiß/kalt es heute ist!
¿Llueve siempre tanto aquí?	Regnet es hier immer so viel?
¿Cómo va a estar el tiempo mañana?	Wie wird das Wetter morgen?
Creo que va a mejorar.	Ich glaube, es wird besser.
¿Te/Le gusta el fútbol?	Magst du/Mögen Sie Fußball?
Sí, mucho.	Ja, sehr.
La verdad es que no mucho ...	Eigentlich nicht sehr ...
¿Cuál es tu/su equipo favorito?	Was ist dein/Ihr Lieblingsteam?
Soy del ...	Ich bin ein Fan von ...

Reiseerfahrungen

¿Ha estado ya en ...?	Waren Sie schon mal in ...?
No, es la primera vez.	Nein, es ist das erste Mal.
Sí, ya he venido más veces.	Ja, ich war schon öfters hier.
Es la ... vez.	Es ist das ... Mal.
segunda/tercera/cuarta	zweite/dritte/vierte
Sí, pero hace muchos años.	Ja, aber vor vielen Jahren.

Was mir sonst noch wichtig ist

POR CIUDADES ESPAÑOLAS

Viajando en bicicleta

En muchas ciudades españolas la bicicleta es una clara alternativa al coche. Cada vez hay más carriles bici que permiten un desplazamiento rápido y seguro. Todo esto está relacionado con la enorme popularidad del ciclismo en España. La carrera ciclista *Vuelta Ciclista a España*, también llamada solamente *La Vuelta a España*, es una de las carreras por etapas más importantes del mundo: ¡una versión española del *Tour de Francia*!

¿Vosotros sabíais?

En muchas ciudades, las bicicletas también están disponibles en terminales, para las que normalmente se necesita una tarjeta de crédito.

Vías verdes

Desde hace varios años el gobierno de Madrid ha promovido los viajes ecológicos y, en este sentido, ha desarrollado más de 1.800 kilómetros de caminos cerrados para ciclistas y rutas de senderismo a veces incluso a través de viaductos y túneles. De acuerdo con el lema de las *vías verdes, cero CO2*, uno viaja en líneas ferroviarias históricas por todo el país. Y si desea saber cuántas emisiones de CO2 ha ahorrado en la ruta correspondiente en lugar de conducir un automóvil, puede hacerlo utilizando una calculadora en el sitio web (www.viasverdes.com).

ANDALUCÍA – MÁS QUE FLAMENCO Y TOROS

¡No se lo pierda! – Lugares de interés

Gran parte de lo que consideramos típicamente español tiene sus orígenes en Andalucía. Por ejemplo, las corridas de toros y el flamenco, que es mundialmente famoso. El legado de los árabes que gobernaron entre 711 y 1492 todavía se puede ver en la arquitectura actual, y por supuesto, una visita a la *Alhambra* de Granada y la *Mezquita* de Córdoba es casi una obligación. Menos conocidas son sin embargo las ciudades más pequeñas como Cádiz, Huelva o Jaén, que aún ofrecen vida andaluza sin distorsión. La *Semana Santa* es tumultuosa en toda Andalucía cuando salen a la calle coloridas procesiones en las ciudades y pueblos.

¡Que aproveche! – Especialidades regionales

¿Quién no piensa inevitablemente en el *jamón serrano* o en el *gazpacho* – la famosa sopa fría de verdura? Pero también las pequeñas *tapas* de aperitivos, que son populares en toda España, tienen su origen aquí. No debe perderse los filetes de atún de *mojama*, curados y secados al aire libre. También hay creaciones tan interesantes como las *truchas rellenas de jamón*, el *rabo de toro con ciruelas pasas* o los *riñones al Jerez*. Hablando de Jerez, este vino de licor pertenece a Andalucía como la *Alhambra* a Granada. Se le llama *fino* o *manzanilla* (seco), *amontillado* (semiseco) u *oloroso* (dulce).

Para especialistas – Consejos de expertos

Andalucía es un paraíso para los amantes de los caballos. Visite la *Feria del Caballo* cada mes de mayo en Jerez de la Frontera, o participe en la impresionante peregrinación a la *Aldea de Rocío*, cuando las cofradías llegan desde muy lejos en carruajes tirados por caballos. Y si quiere montar a caballo, encontrará en la mayoría de los lugares de Andalucía la posibilidad de explorar los alrededores a la loma de un caballo.

11

Einkaufen – Ir de compras

Bringen Sie Farbe in Ihr Spanisch!

Einen Spaziergang über einen bunten Markt sollte man sich in Spanien auf keinen Fall entgehen lassen. Schauen Sie sich das Foto mit den vielen Früchten an. Welche der folgenden Farben erkennen Sie darauf?

1. blanco
2. amarillo
3. azul
4. negro
5. verde
6. rojo

Was Sie in dieser Lektion lernen:
- wie man auf dem Markt Obst und Gemüse kauft.
- wie man Kleidung kauft, sich nach der Größe erkundigt und fragt, ob man etwas anprobieren kann.

Agricultura española
Zu den meistangebauten Agrarprodukten zählen: Getreide (vor allem Weizen und Mais), Gemüse und Zitrusfrüchte. Wichtige Exportgüter sind außerdem Fleisch- und Milchprodukte, Fisch und Meeresfrüchte.

Auf dem Markt
(Me pone) ..., por favor.
(Geben Sie mir) bitte ...

manzanas
Äpfel

melocotones
Pfirsiche

peras
Birnen

uvas
Trauben

naranjas
Orangen

un melón
eine Honigmelone

una sandía
eine Wassermelone

Preisangaben
¿Cuánto cuesta la lechuga?
Was kostet der Kopfsalat?

¿A cuánto está el kilo de tomates?
Was kostet das Kilo Tomaten?

A tres euros el kilo.
Drei Euro das Kilo.

Weitere Mengenangaben
cien gramos de chorizo
hundert Gramm Chorizo

una barra de pan
eine Stange Brot/ein Baguette

un paquete de pasta
ein Päckchen Nudeln

una lata de atún
eine Dose Thunfisch

una botella de agua
eine Flasche Wasser

un bote/un tarro de mermelada
ein Glas Marmelade

una tarrina de yogur
ein Becher Joghurt

Un kilo de tomates, por favor.

Bringen Sie den Dialog in die richtige Reihenfolge und hören Sie ihn dann zur Kontrolle. ▶ 62

__ ¿Algo más?
__ ¿A cuánto están los pepinos?
__ Huevos no tengo hoy, pero mañana sí.
__ También medio kilo de pimientos.
_1_ ¿A quién le toca?
__ Vaya, hombre. Entonces ya está. ¿Cuánto es?
__ Cinco euros.
__ ¿Otra cosita?
__ A mí. Un kilo de tomates, por favor.
__ ¿Para ensalada o para asar?
__ Vale, entonces dos pepinos y una docena de huevos también.
__ Adiós.
__ Para asar, de los rojos.
__ Aquí tiene. Hasta luego.
__ A 30 céntimos.

Worauf es ankommt

Mengenangaben
Die wichtigsten sind: un kilo de patatas *(ein Kilo Kartoffeln)*, medio kilo de tomates *(ein halbes Kilo/Pfund Tomaten)*, un litro de leche *(ein Liter Milch)*, medio litro de vino *(ein halber Liter Wein)*, un trozo de queso *(ein Stück Käse)*, una loncha de jamón *(eine Scheibe Schinken)*

Einkaufsvokabular
Der Verkäufer fragt gewöhnlich: ¿Está bien así? *(Ist es O.K. so?)* oder ¿Vale así? *(Recht so?)* Als Antwort passen: Sí, está bien. *(Ja, es ist O.K.)*, Ya está. *(Das reicht.)*, Un poco más. *(Etwas mehr.)* oder Un poco menos. *(Etwas weniger.)* Andere wichtige Ausdrücke sind: Es demasiado caro. *(Das ist zu teuer.)*, ¿Algo más? *(Darf's sonst noch etwas sein?)*, Sí, ... *(Ja, ...)*, Eso es todo, gracias. *(Das ist alles, danke.)*

Ein bisschen Grammatik

Das Spanische liebt Verkleinerungsformen. Die gebräuchlichste Verkleinerungssilbe ist -ito bzw. -ita und wird an das Wort angehängt.

perro → perrito   Hund → Hündchen
cosa → cosita   Sache → kleine Sache

Ejercicios

1 Verständnis und Aussprache

Sicher verstehen Sie diese Sätze, nicht wahr? Dann sprechen Sie sie bitte nach! ▶ 63

1. ¿A quién le toca? ... Dígame.
2. Un kilo de naranjas, por favor.
3. Aquí tiene. ¿Algo más?
4. Sí, medio kilo de uvas.
5. Entonces un kilo de naranjas y medio kilo de uvas.
6. Sí, ya está, gracias. ¿Cuánto es?

2 Topf und Deckel

Hier passt nur eine Antwort zu einer Frage. Wissen Sie, welche?
Bitte wieder zusammen mit Ihrem Tischnachbarn durchspielen.

1. ¿A quién le toca?
   a. ¡Vale!
   b. A mí.
2. ¿Está bien así?
   a. ¿Y usted?
   b. Un poco más.
3. ¿Algo más?
   a. Eso es todo.
   b. Mañana sí.

3 Bitte die Bausteine kombinieren

Setzen Sie die Wörter 1–6 in den Beispielsatz ein und lesen Sie diese Sätze abwechselnd mit Ihrem Tischnachbarn vor.

Me pone **un kilo** de **manzanas**, por favor.

1. un kilo – manzanas
2. medio kilo – melocotones
3. dos kilos – naranjas
4. una docena – huevos
5. media docena – patatas
6. cien gramos – queso

4 Bitte einsetzen

Setzen Sie – zusammen mit Ihrem Nachbarn – die Mengenangaben und die dazugehörigen Waren in den Beispielsatz ein. Nur eine Kombination macht jeweils Sinn.

Necesito ..., por favor.

1. una barra	a. de atún
2. un paquete	b. de vino
3. una lata	c. de pasta
4. una botella	d. de mermelada
5. una tarrina	e. de pan
6. un tarro	f. de yogur

5 Bitte nachspielen

Spielen Sie mit Ihrem Tischnachbarn den A-Dialog nach und verwenden Sie die Ihnen bekannten Mengenangaben und Warennamen.

- ● ¿A quién le toca?
- ■ A mí. Me pone ... de ..., por favor.
- ● ¿Algo más?
- ■ Sí, necesito también ... de ... ¿Cuánto es?
- ● Son ... euros y ... céntimos.

Kleidungsstücke

el pantalón
die Hose

los vaqueros
die Jeans

la chaqueta
die Jacke/das Sakko

la camisa
das Hemd

el jersey/el suéter
der Pullover/der Sweater

las medias
die Socken

los zapatos
die Schuhe

los guantes
die Handschuhe

el fular
das Halstuch

la camiseta
das T-Shirt

la falda
der Rock

el vestido
das Kleid

la corbata
die Krawatte

Im Laden

¿Le puedo ayudar?/
¿Puedo ayudarle?
Kann ich Ihnen helfen?

Solo miraba, gracias.
Ich schaue nur, danke.

Perdone, ¿dónde está el probador?
Entschuldigung, wo sind die Umkleidekabinen?

¿Cómo me queda/quedan?
Wie steht/stehen es/sie mir?

¿Qué talla tiene?

Hören Sie den Dialog. Was möchte die Kundin anprobieren? ▶ 64

- ● Buenos días, ¿le puedo ayudar?
- ■ Sí, quisiera ver el vestido del escaparate.
- ● ¿El estampado?
- ■ No, no, ese verde.
- ● ¿Qué talla tiene?
- ■ La 38.
- ● Aquí tiene. Puede pasar al probador.

...

- ● ¿Cómo le queda?
- ■ No sé, no me gusta tanto. Creo que me queda un poco estrecho.
- ● ¿Estrecho? ¡Para nada! ¡Le queda perfecto! Tiene usted muy buena figura.
- ■ ¿Le parece? ...
- ● ¡Por supuesto! Y si se pone con el vestido estos zapatos de tacón, estaría ideal.
- ■ A ver ... Sí, tiene razón.
- ● Para completar el conjunto también puede llevarse este bolso y este fular ...

Worauf es ankommt

Haben Sie ...?
Man fragt: ¿Tiene ...? *(Haben Sie ...?)* oder ¿Hay ...? *(Gibt es ...?)* Falls man bereits weiß, was man möchte: Quisiera probar este/esta/estos/estas ... *(Ich würde gerne diese/diesen/dieses ... anprobieren.)*, z. B. Este pantalón es muy bonito,¿puedo probármelo? *(Diese Hose ist sehr schön, kann ich sie anprobieren?)*

Größe
Kleidung: ¿Qué talla tiene? Schuhe: ¿Qué número tiene? *(Welche Größe haben Sie?)* Die Antwort lautet entsprechend für Kleidung: (Tengo) la 42. bzw. für Schuhe: Tengo el 42. *(Ich habe 42.)*
Passt etwas mal nicht so ganz, sagt man:
Me queda un poco estrecho/ancho/largo/corto/grande/pequeño. *(Er/Sie/Es ist etwas zu eng/weit/lang/kurz/groß/klein.)*

Ein bisschen Grammatik

Die Demonstrativpronomen este *(dieser* männlich/Einzahl*)*, esta *(diese* weiblich/Einzahl), estos *(diese* männlich/Mehrzahl) und estas *(diese* weiblich/Mehrzahl) machen Ihnen sicher keine Probleme, nicht wahr?

Ejercicios

1 Verständnis und Aussprache

Verstehen Sie die Wörter und Sätze? ▶ 65
Dann bitte mal wiederholen!

1. Buenas tardes, ¿le puedo ayudar?
2. Sí, quisiera probarme este vestido.
3. Enseguida, ¿qué talla tiene?
4. La 44. Perdone, ¿dónde está el probador?
5. Creo que me queda un poco corto, ¿no?

2 Bitte einsetzen

Entscheiden Sie, ob hier jeweils este, esta, estos oder estas eingesetzt werden muss.

1. ¿Cuánto cuesta ___________ chaqueta?
2. ¿Cómo le queda ___________ vestido?
3. ___________ zapatos no me gustan mucho.
4. ¡Qué bonitas son ___________ medias!
5. ¿Tienen ___________ camisa también en rojo?
6. ___________ vaqueros me quedan muy estrechos.

3 Hören und verstehen

Hören Sie sich den Text an und ergänzen Sie die Aussagen bzw. beantworten Sie die Frage. ▶ 66

1. Juan quiere ver ...	a. una camisa
	b. una chaqueta
2. ¿De qué color?	a. Verde.
	b. Azul.
3. Pero le queda un poco ...	a. estrecha
	b. larga

¿De qué color? = In welcher Farbe?

4 Welche Antwort passt?

Hier passt nur eine Antwort pro Frage. Wissen Sie, welche?
Gut, dann spielen Sie das mit Ihrem Tischnachbarn durch.

1. ¿Dónde está el probador?	a. Está ahí, mira.
	b. Es muy grande.
2. ¿Cómo me queda?	a. Me quedo una noche.
	b. ¡Le queda perfecto!
3. ¿Le puedo ayudar?	a. No, solo miraba. Gracias.
	b. Tengo la 37.

5 Bitte improvisieren

Spielen Sie den B-Dialog mit Ihrem Tischnachbarn nach
und improvisieren Sie mit den Ihnen bekannten Sätzen und Floskeln.

- ● Buenas tardes, ¿le puedo ayudar?
- ■ Sí, quisiera ver ... del escaparate.
- ● ¿Qué talla tiene?
- ■ Tengo la ...
- ● ¿Cómo le queda?
- ■ Creo que me queda un poco ...

Lo más importante de un vistazo

Allgemeines 67

¿A quién le toca?
Wer ist an der Reihe?

¿Otra cosita?
hier: Noch etwas?

Vale ...
Geht klar ... / O.K. ...

No (lo) sé.
Ich weiß (es) nicht.

Farben

rojo
rot

rosa
rosa

verde
grün

amarillo
gelb

azul
blau

marrón
braun

blanco
weiß

negro
schwarz

gris
grau

lila
lila

Auf dem Markt

(Me pone) ..., por favor.	(Geben Sie mir) bitte ...
¿Cuánto cuesta la lechuga?	Was kostet der Kopfsalat?
¿A cuánto está el kilo de ...?	Was kostet das Kilo ...?
A tres euros el kilo.	Drei Euro das Kilo.
¿Está bien así?	Ist das O.K. so?
Sí, está bien.	Ja, das ist O.K.
Un poco más/menos.	Etwas mehr/weniger.
Es demasiado caro.	Das ist zu teuer.
¿Algo más?	Darf's sonst noch etwas sein?
Eso es todo, gracias.	Das ist alles, danke.

Im Laden

¿Le puedo ayudar?	Kann ich Ihnen helfen?
Solo miraba, gracias.	Ich schaue nur, danke.
¿Tiene ...?	Haben Sie...?
¿Qué talla tiene?	Welche Größe haben Sie? (Kleidung)
¿Qué número calza/tiene?	Welche Größe haben Sie? (Schuhe)
(Tengo) el/la 42.	Ich habe 42.
Me queda un poco ...	Er/Sie/Es ist etwas (zu) ...
estrecho/ancho	eng/weit
largo/corto	lang/kurz
grande/pequeño	groß/klein
¿Quiere probárselo?	Wollen Sie es anprobieren?
¿Puedo probármelo?	Kann ich es anprobieren?
¿Dónde está el probador?	Wo sind die Umkleidekabinen?

In der Buchhandlung

¿Tienen libros/prensa en alemán?	Haben Sie Bücher/Presse auf Deutsch?
¿Tienen periódicos?	Haben Sie Zeitungen?
Busco ...	Ich suche ...
un libro de cocina	ein Kochbuch
una novela	einen Roman
una novela negra	einen Krimi
una guía turística	einen Reiseführer
un mapa de carreteras	eine Straßenkarte
un diccionario español-alemán	ein Wörterbuch Spanisch-Deutsch
El título/autor es ...	Der Titel/Autor ist ...

Was mir sonst noch wichtig ist

ROPA Y MODA

¿Vosotros sabíais?

Desde hace algunos años, los diseñadores de moda españoles ocupan su lugar en la escena internacional. Cuando se trata de moda se puede elegir entre *prêt-à-porter* y creaciones individuales exclusivas de las tiendas de moda en Madrid y Barcelona.

¿Qué más se compra?

Si viaja por España de manera independiente, puede elegir entre los diferentes mercados para comprar la mejor materia prima: fruta, verdura, carne y pescado. También tiene para elegir entre supermercados grandes y pequeñas tiendas de barrio.

¿Siesta? – ¡Siesta!

La vida "se paraliza" en España entre las 2 y las 5 de la tarde, cuando tiene lugar la *siesta* (pausa después del almuerzo) durante la cual no solo cierran las oficinas de turismo y muchos museos, sino también algunas tiendas.

Tiendas

la panadería/el panadero	die Bäckerei/der Bäcker
la charcutería/el charcutero	das Wurstgeschaft/der Wurstmetzger
la pescadería/el pescadero	das Fischgeschäft/der Fischhändler
la frutería/el frutero	das Obstgeschäft/der Obsthändler
la verdulería	das Gemüsegeschäft
la tienda (de alimentación)/el tendero	das Lebensmittelgeschäft
el estanco/el estanquero	das Tabakgeschäft/der Tabakhändler
el quiosco/el quiosquero	der Zeitungskiosk
el supermercado	der Supermarkt

CASTILLA-LA MANCHA – EL CENTRO HISTÓRICO

¡No se lo pierda! – Lugares de interés

A Castilla-La Mancha, inmortalizada en la obra de Miguel de Cervantes *El ingenioso hidalgo don Quijote de la Mancha*, se le puede llamar con seguridad "el corazón de España", al menos en sentido geográfico. Aquí, en la meseta escasamente poblada con sus molinos de viento, el tiempo parece haberse detenido en muchos lugares. No se pierda los testimonios históricos de siglos pasados, como los castillos de *Almansa*, *Alarcón*, *Maqueda* o *Torija*, la bonita *Plaza Mayor* de Ciudad Real, las *Casas Colgadas* en Cuenca, los magníficos edificios de Guadalajara y, por supuesto, el arte de los monumentos históricos de Toledo – como las puertas de la ciudad, el santuario *Cristo de la Vega* o las antiguas sinagogas.

¡Que aproveche! – Especialidades regionales

La cocina de Castilla-La Mancha es abundante e inventiva al mismo tiempo. Deliciosos son los *gazpachos manchegos* (llamados "galianos", a menudo con conejo, liebre o perdiz) o *gachas de matanza* (una especie de papilla hecha de harina de garbanzo con hígado de cerdo), que se comen con *pan ázimo* (un pan plano fino). Pruebe los *morteruelos* de carne para los que prácticamente cada ciudad tiene sus propias recetas. Y en el caso de que le guste más el pescado, pruebe un *ajoarriero* (un plato hecho de bacalao, patatas y mucho ajo). Extremadamente populares en toda España son el queso de oveja *Manchego* y los sencillos vinos blancos de mesa de la región vitivinícola más grande del país con la denominación de origen llamada *D.O. La Mancha*.

Para especialistas – Consejos de expertos

No solo los amantes de los disfraces pueden emocionarse con el *Festival Medieval de Hita*, que se celebra en julio, y conmemora la obra del poeta Juan Ruiz, también conocido como el *arcipreste de Hita*. La reserva natural *Lagunas de Ruidera*, con sus lagos de color turquesa reluciente, resulta refrescante en el árido y seco sur de Castilla-La Mancha.

12

Gesundheitsprobleme – Problemas de salud

Wo drückt's denn?

Wer Schmerzen hat, sollte in der Lage sein zu beschreiben, wo genau es wehtut. Sehen Sie sich die folgenden Wörter an und ordnen Sie sie ihren deutschen Entsprechungen zu.

1. la cabeza
2. el pie
3. la pierna
4. el brazo
5. la mano
6. la barriga
7. el pecho
8. la espalda

a. der Arm, b. der Bauch, c. das Bein, d. die Brust, e. der Fuß, f. die Hand, g. der Kopf, h. der Rücken

Was Sie in dieser Lektion lernen:
- wie man in einer Apotheke Medikamente kauft.
- wie man sagt, was einem passiert ist und wo es einem wehtut.
- wie man sagt, dass man versichert ist.

Medicina española
Das spanische Gesundheitssystem wird vom Nationalen Gesundheitsinstitut **(Insalud)** und von den autonomen Gemeinschaften (Art Bundesländer) verwaltet und verfügt über sogenannte **Centros de Salud**. Bei Beschwerden sucht man sein jeweiliges Gesundheitszentrum auf, je nachdem, in welchem Stadtviertel man wohnt.

In der Apotheke
la farmacia
die Apotheke
el/la farmaceútico/-a
der/die Apotheker/in
Necesito ...
Ich brauche ...
aspirinas ®
Aspirin ®
un somnífero
ein Schlafmittel
un analgésico
ein Schmerzmittel
¿Tiene receta?
Haben Sie ein Rezept?
Tengo ...
Ich habe ...
dolor de muelas
Zahnschmerzen
dolor de cabeza
Kopfschmerzen
dolor de barriga
Bauchschmerzen
dolor de garganta
Halsschmerzen
un resfriado
eine Erkältung
fiebre
Fieber
diarrea
Durchfall
alergia
(eine) Allergie
la tensión alta/baja
hohen/niedrigen Blutdruck
náuseas
Übelkeit (mir ist übel)
insolación
(einen) Sonnenstich

¿Qué le pasa exactamente?

Hören Sie den Dialog. Was für eine Diagnose stellt der Apotheker? ▶ 68

- Buenas, dígame.
- Quisiera aspirinas® y algo contra el mareo y las náuseas.
- ¿Qué le pasa exactamente? A lo mejor le puedo ayudar.
- Estoy mareado, me duele la cabeza y tengo unas náuseas horribles.
- ¿Ha comido algo raro hoy?
- No, no, un gazpacho y una cerveza. Luego he dormido la siesta al sol.
- ¡Ah! Yo creo que lo que usted tiene es una insolación. Tiene que beber mucha agua y no ponerse al sol. De todas formas le doy este medicamento.
- ¿Para qué sirve?
- Es para el dolor de cabeza y las náuseas.

Worauf es ankommt

Welche Symptome?
Man sagt: Me duele ... *(Mir tut ... weh.)*, z. B. in Kombination mit la cabeza *(der Kopf)*, el pecho *(die Brust)*, la espalda *(der Rücken)*, el brazo *(der Arm)*, la rodilla *(das Knie)*, el pie *(der Fuß)*, el tobillo *(der Knöchel)* oder einfach aquí *(hier)*.

Der Apotheker sagt
In den meisten Fällen hört man: Yo creo que ... *(Ich glaube, dass ...)* oder Me parece que ... *(Mir scheint, dass ...)* tiene ... *(Sie haben ...)*. Anleitungen zur Einnahme von Medikamenten: Debe tomar este medicamento ... veces al día. *(Sie müssen dieses Medikament ... Mal am Tag nehmen.)*, antes de comer *(vor dem Essen)* oder después de comer *(nach dem Essen)*.

Ein bisschen Grammatik

In Lektion 9 (Seite 74) haben Sie das Partizip der Vergangenheit kennengelernt. In Verbindung mit dem Verb haber *(haben)* – (yo) he, (tú) has, (él/ella/usted) ha, (nosotros/-as) hemos, (vosotros/-as) habéis, (ellos/ellas/ustedes) han – bildet man die zusammengesetzte Vergangenheit (Perfekt):

comer *(essen)* → he comido *(ich habe gegessen)*
dormir *(schlafen)* → has dormido *(du hast geschlafen)*
ir *(gehen)* → hemos ido *(wir sind gegangen)*

Ejercicios

1 Verständnis und Aussprache

Lesen und hören Sie die folgenden Sätze und sprechen Sie sie bitte nach! ▶ 69

1. Hola, querría un somnífero.
2. Y también algo contra el dolor de cabeza.
3. ¿Qué le pasa exactamente?
4. Tengo dolor de barriga y náuseas.
5. ¿Ha comido algo raro hoy?
6. Usted tiene una insolación.

2 Bitte vervollständigen

Können Sie diesen Dialog mit den angegebenen Wörtern vervollständigen?

muelas – medicamento – fiebre – exactamente – veces – aspirina®

1. Buenas tardes, quisiera una ____________________.
2. Aquí tiene, ¿pero qué le pasa ____________________?
3. Tengo dolor de ____________________.
4. Y pienso que tengo también ____________________.
5. De todas formas le doy este ____________________.
6. Debe tomarlo tres ____________________ al día.

3 Bitte alle Wehwehchen aufzählen

Spielen Sie in Zweiergruppen den Musterdialog durch. Der Patient zeigt auf einen Körperteil und der Apotheker errät, wo es schmerzt.

¡Ay qué dolor! – Ah, le duele **la cabeza**, ¿verdad?

1. la cabeza
2. el brazo
3. la espalda
4. la rodilla
5. el pie
6. el pecho

4 Passende Formulierungen?

Lesen Sie den Dialog noch einmal und finden Sie die passenden Formulierungen für die folgenden Situationen.

1. sagen, dass einem der Kopf wehtut
2. fragen, welche Probleme jemand genau hat
3. sagen, dass jemand viel Wasser trinken soll
4. fragen, ob jemand etwas Ungewöhnliches gegessen hat
5. sagen, dass jemand einen Sonnenstich hat
6. sagen, dass man die Siesta in der Sonne verbracht hat

5 Das wird schon wieder!

Fragen Sie Ihre Kurskollegen nach deren (erfundenen) Beschwerden und empfehlen Sie auch gleich ein Medikament.

- ■ A ver si le puedo ayudar. ¿Qué le pasa exactamente?
- ● Tengo ... / Me duele ...
- ■ ¡Ah! Yo creo que lo que usted tiene es ... Debe tomar este medicamento ... veces al día.

Me he torcido el tobillo.

Beim Arzt
el hospital
das Krankenhaus

el médico
der Arzt

el/la dentista
der/die Zahnarzt/-ärztin

el/la enfermero/-a
der/die Krankenpfleger/-schwester

¿Dónde le duele?
Wo tut es Ihnen weh?

Me duelen ...
Mir tun ... weh.

las muelas
die Zähne

los ojos
die Augen

las piernas
die Beine

Behandlung
Es necesario ...
Es ist notwendig ...

ingresarle en el hospital
Sie ins Krankenhaus einzuweisen

operar
zu operieren

El hueso está roto.
Der Knochen ist gebrochen.

Me he torcido el tobillo.
Ich habe mir den Knöchel verstaucht.

Es una distensión.
Es ist eine Zerrung.

Es solo un esguince.
Er ist nur verstaucht.

¿Es alérgico/-a a algo?
Sind Sie gegen etwas allergisch?

Le doy una receta.
Ich geben Ihnen ein Rezept.

Le prescribo ...
Ich verschreibe Ihnen ...

Hören Sie den Dialog. Welcher Körperteil tut der Patientin weh? ▶ 70

■ Buenos días. Tengo una cita a las 12:30 ...
▲ Buenos días. Me dice su nombre, ¿por favor?
■ Müller. No soy español, pero tengo la tarjeta sanitaria europea.
▲ Gracias. Ahora le atiende el doctor.
...
■ Buenos días, doctor.
● Siéntese y cuénteme qué le pasa.
■ Esta mañana me he torcido el tobillo y lo tengo muy hinchado. Casi no puedo caminar y me duele mucho.
● A ver ... ¿le duele aquí?
■ ¡Sí, muchísimo! ¿Cree que está roto?
● No creo, pero vamos a hacer una radiografía para estar seguros. Probablemente es solo un esguince.
■ Eso espero, mañana voy de excursión a la playa con unos amigos.
● No es grave, pero no me parece buena idea ir mañana de excursión si no puede caminar ...

Worauf es ankommt

Der Arzt fragt
¿Qué problema tiene? *(Was für ein Problem haben Sie?)*, ¿Qué ha comido? *(Was haben Sie gegessen?)* oder ¿Cómo ha sucedido? *(Wie ist das passiert?)*

Der Arzt rät
Tiene que ... *(Sie müssen ...)* hacer dieta blanda *(eine leichte Diät machen)*, estar en reposo/descansar *(sich ausruhen)*, dormir mucho *(viel schlafen)*

Ein bisschen Grammatik

Einige Verben bilden das Partizip unregelmäßig:

decir *(sagen)* → dicho *(gesagt)*
hacer *(machen, tun)* → hecho *(gemacht, getan)*
poner *(stellen, legen)* → puesto *(gestellt, gelegt)*
romper *(brechen)* → roto *(gebrochen)*
ver *(sehen)* → visto *(gesehen)*

Ejercicios

1 Verständnis und Aussprache

Haben Sie den Dialog verstanden? Dann macht es sicher keine Probleme, diese Sätze nachzusprechen. ▶ 71

1. El dentista le atiende enseguida.
2. ¿Usted tiene la tarjeta sanitaria europea?
3. Creo que me he roto la pierna.
4. Cuénteme cómo ha sucedido.
5. Vamos a hacer una radiografía para estar seguros.
6. Le prescribo solo un analgésico.

2 Aus Grundform mach Vergangenheit

Setzen Sie die Verben in der angegebenen Person in die zusammengesetzte Vergangenheit und bilden Sie zu zweit sinnvolle Sätze.

él (venir) → (él) ha venido

1. él - venir
2. tú - hacer
3. yo - romper
4. vosotros/-as - ir
5. nosotros/-as - comer
6. ellos - ver

3 Hören und verstehen

Bitte achten Sie bei diesem Hörtext wieder auf alle Informationen und ergänzen Sie die Aussagen bzw. beantworten Sie die Fragen. ▶ 72

1. A Pablo le duele ...
   a. la cabeza
   b. la pierna
2. ¿Qué otro problema tiene?
   a. Tiene un resfriado.
   b. Tiene fiebre.
3. ¿Qué ha comido?
   a. Una paella.
   b. Un gazpacho.
4. Pablo debe ...
   a. descansar
   b. beber mucha cerveza

4 Bitte zuordnen

Ordnen Sie jeder Frage eine logische Antwort zu. Spielen Sie dann den Dialog mit Ihrem Tischnachbarn durch.

1. Cuénteme qué le pasa.
2. ¿Dónde le duele exactamente?
3. ¿Qué ha comido?
4. ¿Cómo ha sucedido?
5. ¿La pierna está rota?
6. ¿Tiene receta?

a. Sí, aquí está.
b. Me duele el pie.
c. No, no lo creo.
d. Aquí doctor.
e. Solo un gazpacho.
f. Me he torcido el pie.

5 Gespräche erarbeiten

Bilden Sie mit Ihrem Tischnachbarn Dialoge zu den folgenden Themen:
1. Rückenschmerzen, 2. Halsschmerzen, 3. Kopfschmerzen, 4. gebrochenes Bein usw.

- ■ Tengo ... / Me duele ... / Me duelen ...
- ● A ver, probablemente es ... Vamos a hacer ... Es necesario ...
- ■ ¿Es grave?
- ● (No) es grave. Le prescribo ...
- ■ Gracias, doctor.

Lo más importante de un vistazo

Allgemeines ▶ 73

¿Qué le pasa?
Was haben Sie?

exactamente
genau

A lo mejor ...
Vielleicht ...

Luego ...
Dann ...

de todas formas
auf jeden Fall

¡Siéntese!
Setzen Sie sich!

¡Cuénteme!
Erzählen Sie (es) mir!

probablemente
wahrscheinlich

Eso espero.
Das hoffe ich.

In der Apotheke

la farmacia	die Apotheke
el/la farmaceútico/-a	der/die Apotheker/in
Necesito ...	Ich brauche ...
un somnífero	ein Schlafmittel
un analgésico	ein Schmerzmittel
¿Tiene receta?	Haben Sie ein Rezept?
Tengo ...	Ich habe ...
dolor de muelas	Zahnschmerzen
dolor de cabeza	Kopfschmerzen
dolor de barriga	Bauchschmerzen
dolor de espalda	Rückenschmerzen
dolor de garganta	Halsschmerzen
un resfriado	eine Erkältung
fiebre	Fieber
diarrea	Durchfall
la tensión alta/baja	hohen/niedrigen Blutdruck
náuseas	Übelkeit (mir ist übel)
Estoy mareado/-a.	Mir ist schwindelig.

Beim Arzt

El hueso está roto.	Der Knochen ist gebrochen.
Es una distensión.	Es ist eine Zerrung.
¿Es alérgico/-a a algo?	Sind Sie gegen etwas allergisch?
Le prescribo ...	Ich verschreibe Ihnen ...
No se preocupe, no es nada.	Keine Sorge, es ist nicht schlimm.

Probleme

Tiene una insolación.	Sie haben einen Sonnenstich.
Me ha picado ...	Mich hat ... gestochen.
un mosquito	eine Stechmücke
una avispa	eine Wespe
una medusa	eine Qualle
una garrapata	eine Zecke
Me ha mordido ...	Mich hat ... gebissen.
un perro	ein Hund
una serpiente	eine Schlange
Me he caído.	Ich bin gefallen.
Me he quemado.	Ich habe mich verbrannt.
Me he cortado.	Ich habe mich geschnitten.
Soy diabético/-a.	Ich bin Diabetiker/in.

Was mir sonst noch wichtig ist

SALUD

¿Se puso enfermo durante las vacaciones?

Mejor no, pero en ese caso tiene que hacer lo siguiente: con la tarjeta europea de seguro de salud (EHIC) las personas aseguradas en toda Europa pueden pedir atención médica directamente. La tarjeta es válida en todos los países de la UE y para los asegurados en Alemania y Austria se puede obtener de forma gratuita en la aseguradora médica. La presentación de la tarjeta es suficiente para ser tratado en caso de accidente o enfermedad aguda. Si es necesario, podría resultar conveniente contratar un seguro médico de viaje, sobre todo por el transporte de vuelta en caso de enfermedad.

¿Vosotros sabíais?

Las farmacias son numerosas y fáciles de encontrar en España, generalmente reconocibles por una cruz verde. Fuera de los horarios normales de apertura (generalmente de lunes a sábado de 9 a 2 y de lunes a viernes de 4.30 a 8), las *farmacias de guardia* se encuentran en los tablones de anuncios. Para lesiones menores uno puede acudir a estaciones de *primeros auxilios*. Por lo demás, los hospitales y los servicios de emergencia están disponibles en ubicaciones más grandes.

¿Y a usted, qué le pasa?

No se sorprenda si se sienta en la sala de espera del médico en España y el resto de los pacientes le preguntan por lo que le pasa. Los españoles se sienten incómodos sentados en silencio durante mucho tiempo. Por este motivo, ya sea en el consultorio de un médico, en el compartimiento de un tren o en la parada del autobús, las personas hablan entre ellas. Una gran oportunidad para aplicar lo que ha aprendido, ¿no le parece?

EUSKADI / PAÍS VASCO – ARTE EN EL EXTREMO NORTE

¡No se lo pierda! – Lugares de interés

¿Quién esperaría una joya para los amantes de la arquitectura y del arte en el extremo norte de España? De hecho, el pequeño País Vasco tiene algunas "delicias" para los visitantes entusiasmados por el arte. Por ejemplo, el *Museo Guggenheim* en Bilbao, el *Parque Museo Chillida-Leku* en Hernani, el *Centro Vasco de Arte Contemporáneo* en Vitoria y el *Museo de Bellas Artes* también en Bilbao.

¡Que aproveche! – Especialidades regionales

Sorprendentemente muchos de los chefs más innovadores de España son de *Euskadi* y definitivamente vale la pena explorar la cocina tradicional vasca. Probablemente el ingrediente más popular de las especialidades locales es el *bacalao*, que se encuentra, entre otros, como *purrusalda* (estofado con bacalao, puerro y papas), o como carpaccio o *al pil-pil* (bacalao en salsa de ajo). No debe perderse *la merluza a la koxkera* (merluza con guisantes, espárragos y almejas), los *revueltos de perretxikos* (huevos revueltos con setas), los *pintxos* (la variante regional de las tapas) o el excelente queso ahumado llamado *Idiazábal*.

Para especialistas – Consejos de expertos

Aquellos que buscan aventuras y naturaleza deben moverse desde la costa hacia el interior. Por ejemplo, el parque ecológico *El Carpín*, cerca de Biáñez, que dispone de una guía muy profesional a la flora y la fauna del norte de España, es maravilloso, así como la Cueva *Pozalagua* cerca de *Ranero* con sus estalactitas de formas curiosas.

TEST 2

1 Welche Antwort stimmt?

Können Sie sich noch an alle Informationen zur Landeskunde erinnern?
Na dann macht Ihnen dieser Test sicher keine Probleme.

1. Tapas gelten in Spanien als ...
   a. vollwertiges Hauptgericht
   b. das typische Mittagessen am Sonntag
   c. ideale Stärkung für zwischendurch

2. Das größte spanische Weinbaugebiet mit Herkunftsbezeichnung liegt in ...
   a. Castilla y León
   b. Castilla-La Mancha
   c. Castrop-Rauxel

3. Spanier melden sich am Telefon mit ...
   a. ¿Hola? oder ¿Hello?
   b. ¿Diga? oder ¿Dígame?
   c. ¿Dónde? oder ¿Quién?

4. In den *estanco* genannten Lädchen bekommt man neben Presse auch ...
   a. Postkarten, Süßigkeiten und manchmal alkoholische Getränke
   b. Rauchwaren, Briefmarken und Fahrkarten
   c. Informationen zu Bus- und U-Bahn-Fahrzeiten

5. Im Krankheitsfall braucht man in Spanien zur Behandlung nur ...
   a. eine zusätzliche private Auslandsversicherung
   b. einen Arzt, der in Deutschland studiert hat
   c. die Europäische Krankenversicherungskarte (EHIC)

6. Die spanische Mittagspause zwischen 14 und 17 Uhr heißt ...
   a. Fiesta
   b. Sesenta
   c. Siesta

2 Fragen und Antworten

Sicherlich haben Sie die letzten sechs Lektionen aufmerksam bearbeitet und machen folglich diese Übung mühelos. Welche Antwort passt zu welcher Frage?

1. ¿Dónde tengo que bajar?
2. ¿Dónde está el baño?
3. ¿Qué talla tiene?
4. ¿Cómo le queda el vestido?
5. ¿Qué me aconseja de postre?
6. ¿Es necesario operar?
7. ¿Te gusta el fútbol?
8. ¿Cuál es el prefijo de España?

a. No sé, no me gusta tanto.
b. El flan o la crema catalana.
c. Es el cero cero tres cuatro.
d. Sí, mucho. Soy del Atlético.
e. En la última parada.
f. Al fondo a la derecha.
g. No, no es grave.
h. Tengo la treinta y ocho.

TEST 2

3 Fit für den „Ernstfall"?

Wiederholen Sie die Gesprächssituationen aus den vergangenen Lektionen, indem Sie mit Ihrem Tischnachbarn eine Unterhaltung zu den folgenden Themen führen. Die angegebenen Satzfragmente und Floskeln sollten nur als Richtlinie dienen. Improvisieren ist also wieder angesagt!

1. Sie und ein Bekannter sind in einem Restaurant und haben Hunger.
   - ● Aquí tienen la carta. ¿Quieren pedir?
   - ■ Sí, querríamos pedir … ¿Tiene carne …?
   - ● ¿Y qué más? …
   - ■ ¿Qué vino nos recomienda? …
2. Sie sind in einem Handyladen und wollen eine SIM-Karte kaufen.
   - ● Buenas tardes. Quisiera comprar … de prepago.
   - ■ Aquí tenemos una …, solo cuesta …
   - ● ¿Y cuánto … las llamadas … y …?
   - ■ Cuestan … y un sms cuesta …
3. Sie sind auf der Bank wegen eines Problems mit Ihrer Kreditkarte.
   - ● Buenos días, dígame.
   - ■ Soy turista … y tengo un problema con mi tarjeta. Es que …
   - ● Pues, su banco tiene que …
   - ■ Está bien, pero ¿qué tengo que hacer para recuperar mi tarjeta? …
4. Sie erkundigen sich nach der besten Verbindung, z. B. zum Flughafen.
   - ● Disculpe, ¿qué hago para ir de aquí a …?
   - ■ Tiene que coger …, son … paradas. Baje …
   - ● ¿Y de allí …? ¿Qué línea tengo que coger?
   - ■ La …, de allí está muy cerca.
5. Sie kaufen als Selbstversorger Obst und Gemüse auf einem Markt ein.
   - ● … señores. ¿A quién le toca?
   - ■ A mí. Un kilo de …, por favor, y también …
   - ● ¿Está bien así? Aquí tiene. ¿Algo más?
   - ■ … vale … ¿Cuánto es?
6. Sie haben Beschwerden und suchen die nächste Apotheke auf.
   - ● ¿Qué le pasa exactamente?
   - ■ Tengo … y me duele …
   - ● Yo creo que … Pero dígame, ¿usted ha … hoy?
   - ■ No, pero …

4 Und jetzt noch schnell auf Spanisch!

Gratulation: Sie haben es geschafft und verfügen nun über das nötige „Handwerkszeug", damit Ihr nächster Spanienaufenthalt ein voller Erfolg wird. ¡Que lo pase bien en España! (Viel Spaß in Spanien!)

1. Können Sie mir helfen?
2. Guten Appetit!
3. Ich bin sicher.
4. Sehr freundlich.
5. Die Rechnung, bitte.
6. Sie haben recht!
7. Glauben Sie?
8. Ist es scharf?

Grammatik im Überblick

Verwendete Abkürzungen:
m = männlich, w = weiblich,
Ez = Einzahl, Mz = Mehrzahl

Die wichtigsten Ausspracheregeln des Spanischen

C

- **c** vor **a**, **o** und **u** sowie vor **Konsonanten** wird wie **k** gesprochen:
  casa, comer, cuando, claro, crema, octubre
- **c** vor **e** und **i** wird in Zentral- und Nordspanien wie das stimmlose englische **th** [θ] gesprochen; in Südspanien, auf den Kanarischen Inseln und in Lateinamerika dagegen wie das stimmlose **s** in „da**ss**":
  centro, gracias

CH

- **ch** wird wie **tsch** gesprochen:
  mucho, noche

G

- **g** vor **a**, **o** und **u** sowie vor **Konsonanten** wird wie **g** gesprochen:
  Galicia, agosto, gustar, iglesia, gris
- **g** vor **e** und **i** wird wie **ch** in „Da**ch**" gesprochen:
  ingeniero, corregir
- **gu** vor **e** und **i** wird wie **ge** bzw. **gi** gesprochen:
  albergue, siguiente
- **gü** vor **e** und **i** wird wie **gue** bzw. **gui** gesprochen:
  desagüe, pingüino (Pinguin)

H

- **h** ist immer stumm:
  hablar, ahora

J

- **j** wird wie **ch** in „Da**ch**" gesprochen:
  julio, bajar

LL

- **ll** wird wie eine enge Verbindung von **l** und **j** gesprochen:
  billete, llamar

Ñ

- **ñ** wird wie eine enge Verbindung von **n** und **j** gesprochen:
  baño, señor

Q

- **qu** vor **e** und **i** wird wie **ke** bzw. **ki** gesprochen:
  querer, quinientos

R

- das spanische **r** wird „gerollt“:
  or**d**enado**r**, come**r**
  Am Wortanfang, nach **l**, **n** und **s** sowie als Doppelkonsonant **rr** wird es stark gerollt (zwei oder mehrere Zungenschläge):
  restaurante, al**r**ededores (Umgebung), En**r**ique, Is**r**ael, guita**rr**a (Gitarre)

S

- **s** wird immer stimmlos wie in „da**ss**“ gesprochen:
  siete, ca**s**a

V

- **v** wird am absoluten Wortanfang wie **b**, im Wortinnern weicher als das deutsche **b** gesprochen:
  vino, mó**v**il

X

- **x** wird wie **k** + stimmloses **s** in „da**ss**“ gesprochen:
  cone**x**ión, pró**x**imo

Z

- **z** wird in Zentral- und Nordspanien wie das stimmlose englische **th [θ]** gesprochen; in Südspanien, auf den Kanarischen Inseln und in Lateinamerika dagegen wie das stimmlose **s** in „da**ss**“:
  pla**z**a, a**z**ul

Betonung

- Wörter, die auf einen Vokal (oder Diphthong, z. B. **-ia**, **-ie**), **-n** oder **-s** enden, werden auf der vorletzten Silbe betont: c**a**sa, farm**a**cia, t**o**man, restaur**a**ntes
- Wörter, die auf einen Konsonanten (außer **-n** und **-s**) enden, werden auf der letzten Silbe betont: com**e**r, ciud**a**d
- Wörter, die entgegen dieser Regeln betont werden, erhalten auf dem betonten Vokal einen Akzent: autom**á**tico, c**é**ntimo, d**í**game, c**ó**digo, n**ú**mero

Hauptwörter (Substantive)

Geschlecht (Genus)

Anders als im Deutschen werden Hauptwörter im Spanischen nicht gebeugt. Außerdem unterteilt man diese – wie in fast allen anderen romanischen Sprachen – nur in männliche und weibliche Hauptwörter.
Weibliche Hauptwörter enden in der Regel auf -a, -ad, -ión oder -triz:

cas**a**	Haus
lun**a**	Mond
ciud**ad**	Stadt
habitac**ión**	Zimmer
ac**triz**	Schauspielerin

Männliche Hauptwörter dagegen enden meist auf -o, -aje, -ete, -l, -ón oder -or:

tiemp**o**	Zeit
vi**aje**	Reise
bill**ete**	Fahrkarte, Ticket
paraso**l**	Sonnenschirm
rat**ón**	Maus
señ**or**	Herr

Wörter, die auf -e enden, sind entweder männlich:

coch**e**	Auto

oder weiblich:

noch**e**	Nacht

Dennoch gibt es einige Ausnahmen, und so sind beispielsweise folgende Hauptwörter weiblich:

foto	Foto
mano	Hand
moto	Motorrad
radio	Radio

und diese männlich:

avión	Flugzeug
problema	Problem
programa	Programm
turista	Tourist

Im Spanischen kann man aus vielen männlichen Hauptwörtern weibliche machen, indem man die Endung -o durch -a ersetzt.

hij**o** → hij**a**	Sohn → Tochter
tí**o** → tí**a**	Onkel → Tante

Mehrzahl (Plural)
Die Mehrzahlbildung ist nicht sonderlich kompliziert. Hauptwörter, die auf einen Vokal enden, erhalten in der Mehrzahl ein zusätzliches -s, solche, die auf einen Konsonanten enden, hängen -es an.

cama → cama**s**	Bett → Betten
libro → libro**s**	Buch → Bücher
cliente → cliente**s**	Kunde → Kunden
avión → avion**es**	Flugzeug → Flugzeuge

Geschlechtswörter (Artikel)

Wie das Deutsche kennt auch das Spanische bestimmte (der, die) und unbestimmte (ein, eine) Artikel. Man unterscheidet sowohl männliche und weibliche Artikel als auch Ein- und Mehrzahl.

Bestimmte Artikel
Die bestimmten Artikel heißen:

	Einzahl	Mehrzahl
männlich	**el** vino	**los** vinos
	der Wein	die Weine
weiblich	**la** mujer	**las** mujeres
	die Frau	die Frauen

Unbestimmte Artikel
Die unbestimmten Artikel heißen:

	Einzahl	Mehrzahl
männlich	**un** vino	**unos** vinos
	ein Wein	einige Weine
weiblich	**una** mujer	**unas** mujeres
	eine Frau	einige Frauen

Im Unterschied zum Deutschen kennt das Spanische auch eine Mehrzahlform für den unbestimmten Artikel. Diese Formen (unos/unas) kann man mit „einige" übersetzen:

Voy a comprar unos libros.	Ich werde einige Bücher kaufen.

Vor Zahlen bedeutet unos/unas „ungefähr": unos 200 kilómetros (ungefähr 200 Kilometer).

Eigenschaftswörter (Adjektive)

Eigenschaftswörter stehen in der Regel hinter dem Hauptwort, auf das sie sich beziehen, und richten sich in Geschlecht und Zahl nach diesem. Die männliche Form des Eigenschaftswortes endet in der Einzahl häufig auf -o, die weibliche Form auf -a, die Mehrzahlformen auf -os bzw. auf -as:

el chic**o** guap**o** → los chic**os** guap**os**	der hübsche Junge → die hübschen Jungen
la ros**a** roj**a** → las ros**as** roj**as**	die rote Rose → die roten Rosen

Viele Eigenschaftswörter enden jedoch auf -e oder einen Konsonanten. Diese werden gleichermaßen für männliche und weibliche Hauptwörter gebraucht. In der Mehrzahlform enden sie auf -es:

el niño triste → los niños trist**es**	das traurige Kind → die traurigen Kinder
la chica feliz → las chicas felic**es**	das glückliche Mädchen → die glücklichen Mädchen

Ausnahmen bilden Eigenschaftswörter, die auf -án, -ín, -ón oder -or enden, sowie Nationalitätsadjektive auf Konsonanten (z. B. español und francés). Sie bilden die weibliche Form durch Anhängen von -a und die Mehrzahl durch Anhängen von -es (männlich) bzw. -as (weiblich):

el abogado trabajador → los abogados trabajador**es**	der fleißige Anwalt → die fleißigen Anwälte

Umstandswörter (Adverbien)

Mit Umstandswörtern kann man Verben, Eigenschaftswörter sowie weitere Umstandswörter näher bestimmen. Man unterscheidet selbstständige Umstandswörter (wie „heute", „immer", „jetzt" usw.), Umstandswörter des Grades („sehr", „mehr", „viel" usw.) und von Eigenschaftswörtern abgeleitete Umstandswörter der Art und Weise. Um diese zu bilden, hängt man an die weibliche Form des Eigenschaftswortes die Endung -mente an:

claro → clara**mente**	deutlich, klar
fácil → fácil**mente**	einfach

Te lo digo claramente.	Ich sage es dir (ganz) deutlich.

Es gibt zwei wichtige Ausnahmen im Spanischen: Das Umstandswort für bueno (gut) ist bien und für malo (schlecht) mal.

¿Se come bien ahí?	Isst man dort gut?

Steigern & vergleichen

Bei der Steigerung wird das Eigenschaftswort nicht gebeugt, sondern man verwendet die Wörter más (mehr) bzw. menos (weniger), die beim Komparativ (1. Steigerungsstufe) vor das Eigenschaftswort gestellt werden. Der Superlativ (2. Steigerungsstufe) wird gebildet, indem zusätzlich der bestimmte Artikel vorangestellt wird. Dabei richtet sich das Eigenschaftswort und der Artikel in Geschlecht und Zahl nach dem dazugehörigen Hauptwort.

guapo → más guapo → el más guapo	hübsch → hübscher → der hübscheste
guapo → menos guapo → el menos guapo	hübsch → weniger hübsch → der am wenigsten hübsche
guapa → más guapa → la más guapa	hübsch → hübscher → die hübscheste
guapa → menos guapa → la menos guapa	hübsch → weniger hübsch → die am wenigsten hübsche

Daneben kennt das Spanische den absoluten Superlativ, der einen hohen Grad einer Eigenschaft ausdrückt. Man bildet ihn durch Anhängen der Endungen -ísimo bzw. -ísima an das entsprechende Eigenschaftswort. Bei Umstandswörtern ist die Endung -ísimo unveränderlich:

bello → bellísimo	schön → sehr schön, wunderschön
importante → importantísimo	wichtig → sehr wichtig, überaus wichtig
tarde → tardísimo	spät → sehr spät

Wichtige unregelmäßige Steigerungsformen sind:

bueno / bien → mejor → óptimo	gut → besser → sehr gut
malo / mal → peor → pésimo	schlecht → schlechter → sehr schlecht
grande → mayor → máximo	groß → größer → sehr groß
pequeño → menor → mínimo	klein → kleiner → sehr klein

Persönliche Fürwörter (Personalpronomen)

Einzahl

yo	ich
tú	du
él/ella	er/sie
usted	Sie

Mehrzahl

nosotros/nosotras	wir
vosotros/vosotras*	ihr
ellos/ellas	sie (Mz)
ustedes	Sie (Mz) *(formell)*

* In Lateinamerika wird statt vosotros/vosotras die Form ustedes gebraucht.

Im Gegensatz zum Deutschen unterscheidet das Spanische eine männliche und eine weibliche Form für „wir", „ihr" und „sie" (Mehrzahl), wobei für gemischte Gruppen jeweils die männliche Form benutzt wird. Generell werden die persönlichen Fürwörter in der gesprochenen Sprache nur zur Betonung der Person gebraucht, da die handelnde Person meistens eindeutig aus der Endung des Verbs hervorgeht.

Wem? oder wen?

Hauptwörter werden im Spanischen – im Gegensatz zum Deutschen – nicht gebeugt.
Die persönlichen Fürwörter dagegen werden auf die Fragen „wem?" oder „wen?" (Objektpronomen) verändert. Die jeweiligen Formen entsprechen dann dem deutschen Dativ (mir, dir, ihm ...) oder Akkusativ (mich, dich, ihn ...).
Man unterscheidet zwischen unbetonten und betonten Formen.

Die Formen des Wem-Falls (Dativ) sind:

unbetont	betont	
me	a mí	mir
te	a ti	dir
le	a él, a ella, a usted	ihm, ihr, Ihnen (Ez)
nos	a nosotros/-as	uns
os	a vosotros/-as	euch
les	a ellos/-as, a ustedes	ihnen, Ihnen (Mz)

Die Formen des Wen-Falls (Akkusativ) sind:

unbetont	betont	
me	a mí	mich
te	a ti	dich
lo	a él	ihn
la	a ella	sie
lo, la	a usted	Sie
nos	a nosotros/-as	uns
os	a vosotros/-as	euch
los	a ellos	sie (Mz/m)
las	a ellas	sie (Mz/w)
los, las	a ustedes	Sie (Mz)

Die unbetonten Formen stehen immer unmittelbar vor dem Verb:

Te mando un libro.	Ich schicke dir ein Buch.
Lo llamo mañana.	Ich rufe ihn morgen an.

Die betonten Formen können vor oder nach dem Verb bzw. mit einer Präposition (a, de, por etc.) stehen:

¿A ti te gusta la plaza?	Gefällt dir der Platz?
¿Quién ha visto a ella?	Wer hat sie gesehen?
¿Alguien ha preguntado por mí?	Hat jemand nach mir gefragt?

Sonderformen: conmigo (mit mir), contigo (mit dir).

Diese Objektpronomen können auch als Suffixe an den Infinitiv (Grundform) eines Verbs angehängt werden:

Puede enviarme la confirmación.	Sie können mir die Bestätigung schicken.
¿Puede deletrearlo?	Können Sie das buchstabieren?
Tiene que mandarnos un correo electrónico.	Sie müssen uns eine E-Mail schicken.

Besitzanzeigende Fürwörter (Possessivpronomen)

Die besitzanzeigenden Fürwörter sind abhängig von der Zahl – und in der 1. und 2. Person Mehrzahl auch vom Geschlecht – des zu besitzenden Hauptwortes:

Einzahl	Mehrzahl	
mi	mis	mein/e
tu	tus	dein/e
su	sus	sein/e, ihr/e (Ez)
su	sus	Ihr/e (Ez)
nuestro/-a	nuestros/-as	unser/e (m/w)
vuestro/-a	vuestros/-as	euer/eure (m/w)
su	sus	ihr/e (Mz)
su	sus	Ihr/e (Mz)

nuestro hijo	unser Sohn
nuestra hija	unsere Tochter

Doch Vorsicht! In der 3. Person sind die Formen für „sein/e" und „ihr/e" identisch:

su amiga	seine Freundin/ihre Freundin

Außerdem kennt das Spanische betonte Formen der Possessivpronomen, die dem Hauptwort nachgestellt und häufig prädikativ – also in Verbindung mit einem Verb – verwendet werden. Die Formen lauten:

mío	mein
tuyo	dein
suyo	sein/ihr, Ihr (Ez)
nuestro	unser (m/w)
vuestro	euer (m/w)
suyo	ihr, Ihr (Mz)

Alle diese Formen passen sich in Geschlecht und Zahl dem zu besitzenden Hauptwort an und verändern sich wie Eigenschaftswörter nach folgendem Schema: mío (m/Ez), mía (w/Ez), míos (m/Mz), mías (w/Mz) usw.

Todo eso es mío, el resto es tuyo.	All das gehört mir, der Rest gehört dir.
Mi coche es blanco. ¿Qué color tiene el vuestro?	Mein Auto ist weiß. Welche Farbe hat eures?

Hinweisende Fürwörter (Demonstrativbegleiter & -pronomen)

Die hinweisenden Fürwörter werden im Spanischen vor das Hauptwort gestellt (Demonstrativbegleiter) oder ersetzen dieses (Demonstrativpronomen). Sie richten sich in Zahl und Geschlecht nach dem Hauptwort.

Ez (m)	Ez (w)	Mz (m)	Mz (w)	
este	esta	estos	estas	dieser/-e/-es (hier)
ese	esa	esos	esas	dieser/-e/-es (da)
aquel	aquella	aquellos	aquellas	dieser/-e/-es (dort), jener/-e/-es

Die Demonstrativbegleiter este, esta usw. weisen auf Personen und Gegenstände hin, die sich in der Nähe des Sprechenden befinden. Ese, esa usw. beziehen sich dagegen auf solche, die sich in der Nähe des Gesprächspartners befinden, während sich aquel, aquella usw. auf Personen und Gegenstände beziehen, die sowohl vom Sprechenden als auch vom Gesprächspartner entfernt sind.

Este libro es caro.	Dieses Buch (hier) ist teuer.
Esa casa es grande.	Dieses Haus (da) ist groß.
¿Es aquella chica tu novia?	Ist das Mädchen dort deine Freundin?

Die Formen der Demonstrativpronomen sind mit denen der Demonstrativbegleiter identisch, zur Unterscheidung können sie jedoch einen Akzent tragen, müssen aber nicht:

Éste/Este es nuestro y aquéllo/aquello es vuestro.	Dieser gehört uns und jener euch.
Ésta/Esta es bella, pero aquélla/aquella es fea.	Diese ist schön, aber jene ist hässlich.

Tätigkeitswörter (Verben)

sein & haben

Zuerst einmal die vier spanischen Entsprechungen für „sein" und „haben", die allesamt unregelmäßig sind. Da man sie sowohl in einfachen Sätzen als auch zur Bildung von zusammengesetzten Zeitformen benötigt, kommt man leider nicht darum herum, sie auswendig zu lernen.

	ser	**sein**
(yo)	soy	ich bin
(tú)	eres	du bist
(él/ella, usted)	es	er/sie ist, Sie sind
(nosotros/-as)	somos	wir sind
(vosotros/-as)	sois	ihr seid
(ellos/ellas, ustedes)	son	sie/Sie (Mz) sind

	estar	**sein, sich befinden**
(yo)	estoy	ich bin
(tú)	estás	du bist
(él/ella, usted)	está	er/sie ist, Sie sind
(nosotros/-as)	estamos	wir sind
(vosotros/-as)	estáis	ihr seid
(ellos/ellas, ustedes)	están	sie/Sie (Mz) sind

Ser wird bei Zeitangaben, Material- und Stoffbeschreibungen, Herkunft, Besitz, Zugehörigkeit, Preisen sowie bei Angaben zu Charakter und Aussehen verwendet. Estar dagegen benutzt man bei (veränderlichen) Gemüts- und Gesundheitszuständen sowie bei Ortsangaben.

¿Eres español?	Bist du Spanier?
Estoy cansado.	Ich bin müde.

	haber	**haben**
(yo)	he	ich habe
(tú)	has	du hast
(él/ella, usted)	ha	er/sie hat, Sie haben
(nosotros/-as)	hemos	wir haben
(vosotros/-as)	habéis	ihr habt
(ellos/ellas, ustedes)	han	sie/Sie (Mz) haben

	tener	**haben, besitzen**
(yo)	tengo	ich habe
(tú)	tienes	du hast
(él/ella, usted)	tiene	er/sie hat, Sie haben
(nosotros/-as)	tenemos	wir haben
(vosotros/-as)	tenéis	ihr habt
(ellos/ellas, ustedes)	tienen	sie/Sie (Mz) haben

Haber verwendet man fast ausschließlich als Hilfsverb zur Bildung der zusammengesetzten Vergangenheitsformen, tener dagegen deckt alle weiteren Bedeutungen des deutschen „haben, besitzen" ab.

Esta semana he comido mucho.	Diese Woche habe ich viel gegessen.
Tenemos un coche.	Wir haben ein Auto.

Tener in Verbindung mit que bedeutet „müssen".

¿Qué tengo que hacer?	Was muss ich tun?

Wie bereits erwähnt, werden die persönlichen Fürwörter nur zur Betonung der Person verwendet, da die handelnde Person meist eindeutig aus der Form des Verbs hervorgeht.

Regelmäßige Verben

Die spanischen Verben bestehen aus einem Stamm und einer Endung. In der Grundform (Infinitiv) gibt es die folgenden drei Endungen: -ar, -er und -ir.

habl**ar**	com**er**	viv**ir**
sprechen	essen	leben

Gegenwart (Präsens)

Bei der Beugung im Präsens ersetzt man die Endung der Grundform durch die Endung für die handelnde Person („ich", „du" usw.). Der Stamm bleibt dabei unverändert. Dennoch gilt: Je nach Endung der Grundform werden die Verben unterschiedlich gebeugt, wobei die Unterschiede nicht allzu groß sind. Die Bindestriche in der folgenden Tabelle sollen nur die Beugungsendung hervorheben.

	habl-ar	**sprechen**
(yo)	habl-o	ich spreche
(tú)	habl-as	du sprichst
(él/ella, usted)	habl-a	er/sie spricht, Sie sprechen
(nosotros/-as)	habl-amos	wir sprechen
(vosotros/-as)	habl-áis	ihr sprechen
(ellos/ellas, ustedes)	habl-an	sie/Sie (Mz) sprechen

	com-er	**essen**
(yo)	com-o	ich esse
(tú)	com-es	du isst
(él/ella, usted)	com-e	er/sie isst, Sie essen
(nosotros/-as)	com-emos	wir essen
(vosotros/-as)	com-éis	ihr esst
(ellos/ellas, ustedes)	com-en	sie/Sie (Mz) essen

	viv-ir	**leben**
(yo)	viv-o	ich lebe
(tú)	viv-es	du lebst
(él/ella, usted)	viv-e	er/sie lebt, Sie leben
(nosotros/-as)	viv-imos	wir leben
(vosotros/-as)	viv-ís	ihr lebt
(ellos/ellas, ustedes)	viv-en	sie/Sie (Mz) leben

Unregelmäßige Verben

Neben zahlreichen regelmäßigen Verben kennt das Spanische auch einige unregelmäßige, zu denen viele der am häufigsten gebrauchten gehören, wie z. B.:

	dar (geben)	**decir** (sagen)	**hacer** (machen, tun)	**ir** (gehen)
(yo)	doy	digo	hago	voy
(tú)	das	dices	haces	vas
(él/ella, usted)	da	dice	hace	va
(nosotros/-as)	damos	decimos	hacemos	vamos
(vosotros/-as)	dais	decís	hacéis	vais
(ellos/ellas, ustedes)	dan	dicen	hacen	van

	poder (können)	**querer** (wollen)	**saber** (wissen)	**traer** (bringen)
(yo)	puedo	quiero	sé	traigo
(tú)	puedes	quieres	sabes	traes
(él/ella, usted)	puede	quiere	sabe	trae
(nosotros/-as)	podemos	queremos	sabemos	traemos
(vosotros/-as)	podéis	queréis	sabéis	traéis
(ellos/ellas, ustedes)	pueden	quieren	saben	traen

Rückbezügliche Verben (reflexive Verben)
Ähnlich wie das Deutsche kennt auch das Spanische rückbezügliche Verben, also solche, bei denen sich die Handlung auf die handelnde Person bezieht („ich wasche mich"). Diese haben in der Grundform stets die zusätzliche Endung -se („sich"), z. B. lavarse („sich waschen"). Bei der Beugung trennt sich -se von der Grundform und wird zu einem selbstständigen rückbezüglichen Fürwort, das vor dem Verb steht.
Hier sämtliche Formen im Überblick:

	lavarse	**sich waschen**
(yo)	me lavo	ich wasche mich
(tú)	te lavas	du wäschst dich
(él/ella, usted)	se lava	er/sie wäscht sich, Sie waschen sich
(nosotros/-as)	nos lavamos	wir waschen uns
(vosotros/-as)	os laváis	ihr wascht euch
(ellos/ellas, ustedes)	se lavan	sie/Sie (Mz) waschen sich

Vergangenheit (Perfekt)
Das Spanische kennt mehrere Vergangenheitsformen. Wir beschränken uns hier auf das Perfekt, z. B. „ich habe gesprochen", das insbesondere in Verbindung mit Zeitangaben mit einem Gegenwartsbezug wie hoy (heute), ya (schon) oder esta semana (diese Woche) verwendet wird.
Zur Bildung des Perfekts benötigt man eine Form von haber (z. B. he ich habe) und das Partizip Perfekt (z. B. hablado gesprochen): he hablado (ich habe gesprochen). Das Partizip Perfekt der regelmäßigen Verben wird folgendermaßen gebildet:

Verben auf -ar:	-ar wird durch -ado ersetzt: hablar → hablado
Verben auf -er und -ir:	-er bzw. -ir wird durch -ido ersetzt: comer → comido, vivir → vivido

He hablado y ellos han entendido.	Ich habe gesprochen und sie haben verstanden.
¿Con quién has ido al cine?	Mit wem bist du ins Kino gegangen?

Einige wichtige Verben bilden das Partizip Perfekt unregelmäßig:

abrir (öffnen)	abierto (geöffnet)
decir (sagen)	dicho (gesagt)
escribir (schreiben)	escrito (geschrieben)
hacer (machen, tun)	hecho (gemacht, getan)
ir (gehen)	ido (gegangen)
poner (stellen, legen)	puesto (gestellt, gelegt)
ser (sein)	sido (gewesen)
ver (sehen)	visto (gesehen)
volver (zurückkehren)	vuelto (zurückgekehrt)

Bei der Form ¿Vosotros sabíais? (Wussten Sie?) handelt es sich um das sogenannte Imperfekt. Die Bildung dieser Zeitform wird im Rahmen dieses Sprachkurses nicht behandelt.

Zukunft (Futur)
Die einfachste und gebräuchlichste Form, die Zukunft auszudrücken, ist es, die Gegenwart des Verbs mit einem auf die Zukunft hinweisenden Zeitwort zu gebrauchen.

¿Qué haces mañana?	Was machst du morgen?

Außerdem kann man das gebeugte Verb ir a (gehen zu) vor den Infinitiv eines anderen Verbs stellen und bildet damit die zusammengesetzte Zukunft.

La próxima semana va a llover.	Nächste Woche wird es regnen.

Konditional
Mit dem Konditional bringt man eine Bitte oder einen Wunsch auf besonders elegante und höfliche Weise zum Ausdruck. Jedoch ist die Bildung des Konditional nicht ganz einfach, daher genügt es, wenn Sie sich die gängigsten Formen, die in diesem Sprachkurs vorkommen, merken.

(yo)	estaría	ich wäre
(él/ella, usted)	estaría	er/sie wäre, Sie wären
(yo)	podría	ich könnte
(él/ella, usted)	podría	er/sie könnte, Sie könnten
(yo)	querría	ich hätte gerne/möchte
(nosotros/-as)	querríamos	wir hätten gerne/möchten

¿Podría traerme otra almohada, por favor?	Könnten Sie mir noch ein Kopfkissen bringen?
Me gustaría ir al teatro.	Ich würde gerne ins Theater gehen.

Im Laufe der Lektionen haben Sie auch den Ausdruck quisiera (ich hätte gerne, ich möchte) kennengelernt, bei dem es sich um den Konjunktiv Imperfekt handelt. Es genügt, wenn Sie sich quisiera als feststehende Floskel einprägen.

Verneinung

Aussage- und Fragesätze werden durch no verneint, wobei no grundsätzlich vor dem Verb steht.

No puedo pagar.	Ich kann nicht zahlen.
¿No tienes tiempo?	Hast du keine Zeit?

Möchte man dagegen ausdrücken, dass etwas „nicht mehr" passiert, stellt man vor no ein ya (schon).

Ya no tengo dinero.	Ich habe kein Geld mehr.

Die Wörtchen nunca und jamás (nie, niemals) werden dem Verb nachgestellt.

No he estado nunca/jamás en Madrid.	Ich bin (noch) nie in Madrid gewesen.

Fragen

Bitte beachten Sie: Das Fragezeichen steht zusätzlich umgekehrt vor dem Satz.

Entscheidungsfragen

Entscheidungsfragen sind Fragen, die man mit sí (ja), no (nein) oder a lo mejor, quizá(s) bzw. talvez (alle: vielleicht) beantworten kann. Die einfachste Art, eine Entscheidungsfrage zu stellen, ist es, am Ende eines normalen Aussagesatzes etwas die Stimme fragend anzuheben.

¿Vas a Toledo?	Gehst/Fährst du nach Toledo?

Ergänzungsfragen

Ergänzungsfragen haben einen vollständigen Satz als Antwort. Sie werden normalerweise durch Fragewörter eingeleitet. Die wichtigsten Fragewörter sind:

¿cuánto?	wie viel?
¿cómo?	wie?
¿dónde?	wo?
¿cuál?	welcher?
¿por qué?	warum?
¿cuándo?	wann?
¿quién?	wer?
¿qué?	was?

¿Cuándo vas a llegar?	Wann kommst du an?

Verhältniswörter (Präpositionen)

Die wichtigsten spanischen Verhältniswörter sind:

a	an, nach, um, zu
con	mit
de	aus, von
desde	aus, seit, von
en	in, bei, mit, zu, an
entre	zwischen
hasta	bis
para	für, zu
por	durch, wegen, für, um

Die Präpositionen a und de verschmelzen mit dem nachfolgenden bestimmten Artikel el wie folgt:

a + el = al
de + el = del

Auffordern & befehlen (Imperativ)

Bitte beachten Sie: Das Ausrufezeichen steht zusätzlich umgekehrt vor dem Satz.

Die Befehlsform (Imperativ) wird wie folgt gebildet:

Verben auf -ar

¡Canta!	Singe!
¡Cante!	Singen Sie!
¡Cantemos!	Lass(t) uns singen!
¡Cantad!	Singt!

Verben auf -er

¡Vende!	Verkaufe!
¡Venda!	Verkaufen Sie!
¡Vendamos!	Lass(t) uns verkaufen!
¡Vended!	Verkauft!

Verben auf -ir

¡Vive!	Lebe!
¡Viva!	Leben Sie!
¡Vivamos!	Lass(t) uns leben!
¡Vivid!	Lebt!

Wichtige Ausnahmen sind z. B.:

¿Diga?	Sagen Sie? („Hallo" am Telefon)
¡Introduzca su código secreto!	Geben Sie Ihre Geheimzahl ein!
¡Vaya!	Gehen Sie!

Objektpronomen werden in der Regel an die Formen des Imperativs angehängt. Das ist auch bei den rückbezüglichen Verben der Fall:

¡Siénte**se** y cuénte**me**!	Setzen Sie sich und erzählen Sie mir!

Deutsche Übersetzung der Landeskundetexte

Lektion 1

DU UND SIE

Wussten Sie?
In Spanien duzt *(tutearse)* man sich in der Regel viel häufiger und früher als hierzulande. Gesiezt *(tratar de usted)* werden v. a. Unbekannte und ältere Personen, selbst wenn diese im Gegenzug ihren Gesprächspartner duzen. Wer sein Gegenüber siezt, sollte ihn oder sie am besten mit dem Nachnamen anreden. Man stellt diesem ein *señora* ... (Frau ...) oder *señor* ... (Herr ...) voran. Kennt man den Nachnamen nicht, so kann man auch einfach nur *señora* (meine Dame) oder *señor* (mein Herr) sagen, wobei dies weit weniger antiquiert klingt als im Deutschen. Die Anrede *señorita* (Fräulein) für junge Frauen kann man immer noch hier und da hören, wenn es auch langsam aus der Sprache der jungen Generation verschwindet. Und wie verhält es sich mit Titeln? Nun, diese sind – im Unterschied zu unseren Breitengraden – in der Anrede weitestgehend unwichtig. Namenszusätze wie *Dr. (doctor)*, *Dra. (doctora)* oder *Lic. (licenciado/-a* = Magister, Master) verwendet man meist nur bei offiziellen Empfängen, Konferenzen oder auf der Visitenkarte.

Begrüßungszeremonien
Unter Unbekannten ist es auch in Spanien üblich, sich die Hände zu schütteln *(darse la mano)*. Unter Bekannten, Verwandten und Freunden gibt man sich zwei angedeutete Wangenküsse – meist einmal rechts und einmal links –, wobei sich die Wangen berühren und man in Richtung Ohr „in die Luft" küsst. Dieser sogenannte *beso* ist zwischen Männern und Frauen sowie Frauen und Frauen üblich; Männer „küssen" Männer nicht immer in Spanien.

AUF NACH SPANIEN!

Para empezar – Vorneweg
Glückwunsch! Sie haben die erste Lektion dieses Kurses erfolgreich gemeistert und befinden sich auf dem besten Weg, bald auch sprachlich fit für einen Aufenthalt in *España* zu sein. Egal, ob Sie die Iberische Halbinsel als Bade- oder Kulturtourist besuchen, mit spanischen Grundkenntnissen werden Sie überall zwischen Gerona und Huelva offene Türen einrennen. In ganz Spanien bieten sich zahllose Möglichkeiten, eine wirklich unvergessliche Zeit zu verbringen, ob zum Entspannen, als Aktivurlaub, der Gastronomie wegen oder dank der einzigartigen Kultur.
Touristische Highlights sind neben Städten wie Madrid, Barcelona, Sevilla oder Santiago de Compostela die Küstenregionen Kataloniens, Valencias und Andalusiens, die Balearen im Mittelmeer und die Kanarischen Inseln im Atlantik. Aber auch der Gebirgszug der Pyrenäen, die wilde Nordküste und das zentrale Hochplateau – *meseta* genannt – laden zu einem Traumurlaub ein. Nun, wo auch immer Sie in Spanien auf Erkundungstour gehen mögen, mit dem Nötigsten an Spanisch „im Gepäck" wird jeder Aufenthalt sicherlich ein voller Erfolg!

Lektion 2

DIE FAMILIE

Wussten Sie?

Familias españolas waren früher in der Regel größer als ihre Pendants in Mitteleuropa. Zwar geht der Trend auf der Iberischen Halbinsel heutzutage auch eher zu einem oder maximal zwei Kindern, aber dafür wohnen diese sehr häufig mit den Eltern unter einem Dach, bis sie selbst eine eigene Familie gründen. Außerdem ist die spanische Gesellschaft in der Regel noch weniger mobil als hierzulande. So bleiben viele Spanier ihrer Heimatstadt, ja oft ihrem Stadtviertel – und somit auch dem Umfeld der Familie – ein Leben lang treu. Dies hat den Vorteil, dass z. B. das Thema Kinderbetreuung nur selten ein Problem darstellt – Opa *(el abuelo)* und Oma *(la abuela)* übernehmen traditionell die Rolle der Babysitter für die berufstätigen Eltern *(los padres)* – und die Nachbarn bilden automatisch eine Art erweiterte Familie. Andererseits gibt es mehr Berührungspunkte zwischen den Generationen, was nicht selten den Eindruck vermittelt, dass die familiäre Hierarchie immer noch stark ausgeprägt ist.

MADRID – DIE GESCHÄFTIGE HAUPTSTADT

¡No se lo pierda! – Sehenswertes

Bei all dem Trubel, der in Spaniens Hauptstadt herrscht, möchten Sie vielleicht wissen, wo denn noch etwas von der alten, geruhsamen Atmosphäre zu finden ist, die Madrid noch bis in die 1950er Jahre kennzeichnete. Probieren Sie's doch mal im *Barrio de la Latina*. Dieses Viertel liegt inmitten des historischen Stadtkerns und ist v. a. durch seine verwinkelten Gässchen, die zahlreichen Fußgängerzonen und romantischen Plätze sehenswert. Hier in den Cafés mit ihren einladenden Terrassen und den unzähligen Bars kann man mal alle Viere von sich strecken und sich von der Hektik der Millionenmetropole erholen. Und falls Sie noch kein anderes Arrangement für eine kulturelle Soirée getroffen haben, wie wär's mit dem Besuch einer Aufführung im *Teatro de la Latina*?

¡Que aproveche! – Regionale Spezialitäten

Die Küche Madrids wurde praktisch von allen Regionen des Landes beeinflusst, weshalb sich die Stadt besonders gut für eine gastronomische Minireise quer durch sämtliche spanischen Spezialitäten eignet. Angeblich gibt es hier die besten *churros* (frittiertes Spritzgebäck) des Landes, die man sich traditionell zum Frühstück mit einer Tasse heißer Schokolade gönnt. Wirklich madrilenisch sind der *cocido madrileño* genannte Eintopf aus Kichererbsen, Gemüse und Fleisch sowie die *callos a la madrileña*, also gekochte Kutteln vom Rind. Wem das zu fleischlastig ist, der sollte die wirklich köstlichen *espárragos de Aranjuez* (Spargel aus Aranjuez) oder Fischgerichte wie *besugo al horno* (Graubarsch aus dem Ofen), *merluza a la madrileña* (gefüllter Seehecht) oder *soldaditos de Pavía* (in Ei panierter Stockfi sch) probieren. Traditionell schließt man das Abendessen mit einem Gläschen *Chinchón*, einem herben Anisbrand, ab.

Para especialistas – Geheimtipps

Wer genug vom Sightseeingstress hat, der kann in den Weiten des 1,4 km² großen *Parque del Buen Retiro* im Herzen Madrids mal richtig ausspannen und Energie für den Abend tanken. Das braucht man auch, denn in den Nightlife-Vierteln – wie *Malasaña* oder *Chueca* – steppt nicht nur am Wochenende gewaltig der Bär!

VERKEHRSMITTEL

Per pedes!

Man muss ja nicht unbedingt motorisiert unterwegs sein ... In Spanien haben auch Reisende, die gut zu Fuß sind, viele Möglichkeiten, eine unvergessliche Zeit zu verbringen. Aushängeschild des Wandertourismus ist natürlich der berühmte Jakobsweg – auf Spanisch *Camino de Santiago* genannt – bis nach *Santiago de Compostela*, doch auch weniger bekannte Routen wie z. B. die fünftägige *Ruta de l'Ermita* im Naturpark *Cadí-Moixeró* in den Pyrenäen, die Wanderung durch die *Sierra Mariola* südlich von Valencia oder durch die *Sierra de Grazalema*, einem der schönsten Wandergebiete Spaniens im Süden von Andalusien, sind garantiert erlebnisreich.

Innerorts unterwegs

Einzelfahrkarten für Busse, U-Bahnen und Straßenbahnen kauft man in der Regel am Automaten oder direkt beim Fahrer. An Kiosken – *estanco* oder *quiosco* genannt – bekommt man außerdem Zehnerkarten *(bono)* und Touristentickets *(tarjeta turística)*. Normalerweise muss man die Tickets im jeweiligen Verkehrsmittel entwerten.

Wussten Sie?

Zugfahren in Spanien ist praktisch und preiswert. Für größere Distanzen sind Inlandsflüge eine sinnvolle Alternative, zumal es auch in Spanien oft sehr günstige Angebote gibt. Bei Abfahrten von Zügen, Flugzeugen etc. gibt man immer die präzise Uhrzeit an: *El tren sale a las 10.27 (diez y veintisiete).*

BARCELONA – DIE HIPPE METROPOLE

¡No se lo pierda! – Sehenswertes

Zugegeben: Barcelona ist ein „alter Bekannter" für Städtereisenfans und so mancher Veteran sehnt sich zurück nach der Zeit, als noch nicht Horden von Touristen die Metropole am Mittelmeer vereinnahmten. Doch bis heute lohnt es sich, einfach mal in das Gassengewirr des *Barrio Gótico* einzutauchen und vielleicht auf einem Platz, z. B. der hübschen *Plaza de San Felipe Neri*, auf ein paar *tapas* und eine *clara* – so nennt man hier ein Glas Bier mit einem Schuss Zitrone – einzukehren. Danach sollte man sich dem katalanischen Jugendstil – *modernismo* genannt – widmen, wobei neben den welt berühmten Werken Antoni Gaudís wie der *Sagrada Familia* oder dem *Parc Güell* gerade auch die weniger bekannten Gebäude wie das *Hospital de la Santa Creu i Sant Pau* oder der *Palacio de la Música Catalana*, beide von Lluís Domènech y Montaner, höchst sehenswert sind.

¡Que aproveche! – Regionale Spezialitäten

Inspiration für die Geschmacksnerven holt man sich in Barcelona am besten im *Mercat de Sant Josep* – auch *Boquería* genannt –, der direkt an der Flaniermeile *Ramblas* gelegen ist. Hier finden sich alle Zutaten, die in der einheimischen Küche verarbeitet werden, inklusive Fisch wie den majestätischen Seeteufel, den man z. B. in Form der *rape a la marinera* (Seeteufel nach Matrosenart) schätzt. Nicht entgehen lassen sollten Sie sich außerdem den Fischeintopf *suquet de peix*, die vielleicht beliebteste Salatvariation der Stadt namens *xató* (aus Endivien und mit Stockfisch) mit der leckeren *salsa romesco* (aus Paprika und getrockneten Früchten) und natürlich die zahlreichen süßen Kreationen wie *bunyols* (Hefekringel) oder *panellets* (Küchlein aus Marzipan, Mandeln und Pinien kernen), die es nicht nur an Feiertagen gibt.

Para especialistas – Geheimtipps

Barcelona ist gerade wegen seines einzigartigen Nightlifes legendär. Die Viertel mit den kürzesten Nächten sind *Gracia*, *Born* oder *l'Eixample* und ein Besuch in einer der unzähligen Bars gehört irgendwie zum echten „Barcelona-Feeling" dazu. Und wo findet das alltägliche Leben statt? Erkunden Sie es auf einem

Spaziergang von der *Montaña de Montjuic* bis zur *Plaza de España* und der nahen Einkaufszone um die *Calle Cruz Cubierta* im Stadtteil *Sants*. Von hier ist es nur noch ein Katzensprung bis zur schmucken *Plaza de Osca* oder dem *Parque de la España Industrial*.

Lektion 4

TOURISMUS IN SPANIEN

Wussten Sie?
In Spanien gilt gerade in der *temporada alta* (Hauptsaison): Wer nicht früh genug bucht, riskiert, kein Zimmer mehr zu bekommen. Weit entspannter geht es in der *temporada baja* (Vor-, Nach- und Nebensaison) zu, wenn vielerorts Sondertarife Urlauber locken sollen. Man hat gewöhnlich die Wahl zwischen *hotel* (Hotel), *hotel rural* (Landhotel), *parador* (ein Luxushotel in einem ehemaligen Schloss oder einer Burg), *camping* (Campingplatz), *hostal* (einfaches, oft familiengeführtes Hotel), *pensión* (Pension) und *albergue juvenil* (Jugendherberge).

Aber wohin?
Wer nicht genau weiß, wohin er in Spanien reisen soll, dem helfen vielleicht die *banderas azules* (blauen Fahnen), die über so manchen Stränden des Landes flattern. Sie besagen, dass der jeweilige Strand in Sachen Sauberkeit und Umweltverträglichkeit tadellos ist. Die *banderas azules* werden jedes Jahr von der internationalen Organisation *FEEA* (*Fundación Europea de Educación Ambiental*) vergeben und Spanien ist mit durchschnittlich 600 „blauen" Stränden seit vielen Jahren auf dem ersten Platz der über 30 Mitgliedsländer. Mehr erfahren Sie unter www.fee.global/blue-flag

Reservierungen
Für die meisten Hotels und Pensionen kann man im Voraus eine Reservierung per E-Mail vornehmen. Hier eine Mustervorlage (siehe Seite 37).

BALEARISCHE INSELN – DIE INSELN DES SOMMERS

¡No se lo pierda! – Sehenswertes
Kaum eine Gegend Spaniens weist so viele Gegensätze auf wie die *Islas Baleares* (Balearen), denn die vier Hauptinseln Mallorca, Ibiza, Menorca und Formentera zeichnen sich allesamt durch ein eigenes Flair aus. Ganz „großes Kino" ist natürlich ein abendlicher Bummel durch die lebendige Altstadt von Eivissa, der Hauptstadt Ibizas, mit ihren hippen Kneipen, coolen Shops und jeder Menge guter Stimmung. Etwas entspannter geht es bei einer Fahrradtour durch die Salinenfelder Formenteras bis zum karibisch anmutenden Strand von *Illetas* zu. Wer es gerne aktiv mag, dem sei eine Wanderung quer durch Mallorcas *Sierra de Tramuntana* ans Herz gelegt. Im wahrsten Sinne der Höhepunkt ist hierbei die Besteigung des 1.445 m hohen *Puig Major*, von dem man atemberaubende Ausblicke über die ganze Insel und an klaren Tagen bis zum spanischen Festland genießt.

¡Que aproveche! – Regionale Spezialitäten
Die balearische Küche ist bodenständig und herzhaft zugleich. Praktisch überall finden sich so einfache Gerichte wie *pa amb oli* (geröstetes Brot mit Olivenöl und Tomaten bestrichen) oder die allseits beliebte *coca* (pizzaähnlicher belegter Blechkuchen). Daneben liebt man Eintöpfe wie *olla fresca* (Gemüseeintopf), *bullit* (Fleischeintopf), *guisat de peix* (Fischeintopf) oder die *caldereta de langosta* (Langusteneintopf). Aber auch aufwendigere Fleischgerichte wie *escaldums* (geschmorter Truthahn) oder *codornices con higos* (Wachteln mit Feigen) gehören zu den beliebten Spezialitäten.

Para especialistas – Geheimtipps
Ein Geheimtipp ist immer noch die Insel Menorca, die weit weniger besucht wird als ihre südlichen Schwestern. Menorca bietet ebenfalls erholsame Strände und eine ausgesprochen gute touristische Infrastruktur. Das Highlight sind aber sicherlich die rauen, schroff zerklüfteten Buchten an der Nordküste der Insel, an denen man noch die Kraft der Natur zu spüren bekommt wie sonst kaum irgendwo im westlichen Mittelmeer.

Lektion 5

UNTERKUNFT

Wussten Sie?
Statt auf Massentourismus setzt man in einigen Regionen des Landes heute viel mehr auf die Qualität des Angebots als auf die Quantität der Besucher. In diesem Geiste findet seit einigen Jahren eine Entwicklung in Richtung alternativem Tourismus statt, bei dem z. B. Bauernhöfe in sogenannte *hoteles rurales* oder *agro-hoteles* umgebaut werden, aber auch ehemalige Schlösser und Burgen in Luxushotels namens *paradores*.

Ausfüllen, bitte!
In der Regel müssen Sie an der Rezeption ein Anmeldeformular ausfüllen und unterschreiben. Hier also etwas Vokabular, um ein solches Formular zu verstehen: *letras mayúsculas* (Großbuchstaben), *apellido* (Nachname), *nombre* (Vorname, Name), *dirección del domicilio* (Adresse), *fecha de entrada/llegada* (Ankunftsdatum), *número de noches* (Anzahl der Nächte). Außerdem: *Firme aquí, por favor.* (Unterschreiben Sie bitte hier.)

Camping
Mit über 500 Campingplätzen kann Spanien durchaus als Paradies für einen Urlaub mit Zelt, Wohnwagen oder Wohnmobil angesehen werden. Doch auch hier gilt, dass gerade im Hochsommer die Plätze häufig bis auf den letzten Quadratmeter belegt sind, nicht zuletzt, weil auch viele Spanier den Campingurlaub dem im Hotel vorziehen. Übrigens: Wildes Campen ist nicht zu empfehlen und steht vielerorts sogar unter Strafe. Wer dagegen auf einem Privatgrundstück kampieren möchte, sollte unbedingt um die Erlaubnis des Besitzers bitten: *¿Podemos acampar en su parcela/terreno?* (Können wir auf Ihrem Grundstück campen?)

SEVILLA – DIE PERLE DES SÜDENS

¡No se lo pierda! – Sehenswertes
Sevilla kann getrost als das kulturelle Zentrum Südspaniens bezeichnet werden. Touristen zieht es wegen der Flamencoshows und Stierkämpfe in der *Real Maestranza de Sevilla*, der riesigen Stierkampfarena, hierher. Doch die Hauptstadt Andalusiens hat auch jenseits der Folklore einiges zu bieten. Wandeln Sie auf den Spuren der Almohaden – der muslimischen Eroberer, die die Stadt zwischen 712 und 1248 beherrschten – inmitten des immer noch an eine nordafrikanische Kasbah erinnernden *Barrio de Santa Cruz*. Das orientalische Flair erahnt man selbst noch in der gewaltigen Kathedrale, deren Fundamente auf einer ehemaligen Moschee stehen. Von hier ist es nur noch ein Steinwurf zur *Torre del Oro*, einem alten almohadischen Wachturm am Ufer des *Guadalquivir*-Flusses, der gegen Abend ins Rot der untergehenden Sonne getaucht wird.

¡Que aproveche! – Regionale Spezialitäten
Sevilla gilt in Spanien als die Kapitale der *tapas* und tatsächlich ist das Angebot in den *bodegas* der Altstadt und im *Barrio de Santa Cruz* gewaltig. Probieren Sie unbedingt den *Bellota*-Schinken von schwarzen Schweinen, die eigentlich aus Málaga stammenden *pescaítos fritos* (frittierte Fische), den allseits beliebten *montadito de pringá* (Fleischpastete auf gerösteten Brotscheiben) oder die aus Córdoba „importierte", *salmorejo* genannte Suppe, die ähnlich dem *gazpacho* ist, dabei aber dicker und mit Schinken und Ei serviert wird.

Und zum Trinken? Nun, in Sevilla ist aufgrund der oftmals drückenden Sommerhitze ein kühles Bier oder ein leichter Weißwein das beliebteste „Nationalgetränk" zum Aperitif.

Para especialistas – Geheimtipps
Auf der westlichen Seite des *Guadalquivir* liegt das populäre Viertel *Triana*, das die Einheimischen v. a. wegen seiner einfachen Fischlokale – z. B. in der *Calle Betis* – schätzen. Ausspannen kann man besonders gut im *Parque de María Luisa* im Süden der Stadt, allerdings sollte man hier keinesfalls die *Plaza de España* verpassen, auf der 50 eindrucksvolle Kachelbilder die Geschichte Spaniens versinnbildlichen.

Lektion 6

IN DER BAR

Typisch spanisch
Wer sich mit spanischen Freunden oder Bekannten verabreden möchte, sollte den Terminkalender getrost stecken lassen, denn dieser ist für Geschäftstermine reserviert. Private Treffen werden nicht groß geplant, sondern man ist flexibel und improvisiert. Ein *a ver si nos tomamos un café mañana* (lass uns vielleicht mal morgen einen Kaffee trinken gehen) ist weit häufiger zu hören als ein fest ausgemachter Termin.

Wussten Sie?
Zu den beliebtesten Kaffeevarianten in Spanien gehören: *café solo* (einfacher Espresso), *café cortado* (Espresso mit etwas Milch), *café con leche* (Milchkaffee), *leche manchada* (Espresso mit viel Milch), *café crema* oder *capuchino* (Espresso mit Sahne oder geschäumter Milch) und *carajillo* (Espresso mit einem Schuss Alkohol wie Rum oder Brandy). Man bestellt seinen Kaffee *en taza* (in der Tasse) oder *en vaso* (im Glas), je nach persönlicher Vorliebe. Übrigens werden die Varianten mit Milch in Spanien selten nach dem Essen getrunken. Wer Filterkaffee möchte, bestellt einen *café americano* und entkoffeinierter Kaffee heißt *café descafeinado*.

Ansonsten gibt es in den Bars ...
Zum Trinken: *vino blanco* (Weißwein), *vino tinto* (Rotwein) oder *vino rosado* (Rosé), und zwar in *una copa* (ein Weinglas) oder *un chato* (ein flaches Glas), außerdem *aperitivo* (Aperitif), *té* (Tee), *tisana* (Kräutertee) und natürlich jede Menge *refrescos* (Erfrischungsgetränke) und *zumos* (Säfte).
Zum Essen: *caracola* (Teigschnecke), *cruasán* (Hörnchen), *tapas* (kleine Häppchen), *helado* (Eis), *sándwich* oder *bocadillo* (belegtes Brötchen), z. B. *de queso* (mit Käse), *de jamón* (mit Schinken), *de chorizo* (mit scharfer Paprikawurst) oder *de lomo* (mit Schweinelende), *tostada* (Toastsandwich) oder *ensalada* (Salat).

GALICIEN – DER GRÜNE NORDEN

¡No se lo pierda! – Sehenswertes
Ob man Galicien zu Fuß auf dem Jakobsweg durchquert oder „konventionell", den Besuch der gewaltigen *Kathedrale von Santiago de Compostela* mit dem riesigen, *botafumeiro* genannten Weihrauchkessel sollte man auf keinen Fall verpassen. Doch *Galicia* hat nicht nur dem devoten Wanderer etwas zu bieten. Highlights sind z. B. die Seepromenade von A Coruña, an der sich der Herkulesturm, der älteste Leuchtturm der Welt, befindet. Faszinierend ist außerdem die Altstadt von Lugo, die noch zur Gänze von der historischen Stadtmauer eingeschlossen ist.

¡Que aproveche! – Regionale Spezialitäten
Die galicische Küche ist einfach und schmackhaft mit herzhaften Suppen wie dem *caldo gallego* (aus weißen Bohnen und Steckrübenblättern), aber durch die Nähe zum Meer überrascht es nicht, dass die Galicier auch reichlich Fisch und Meeresfrüchte verarbeiten. Zu den Spezialitäten zählen der *pulpo a feira* (gegarter Oktopus), *vieiras a la gallega* (Jakobsmuscheln in der Schale), *berberechos a la marinera* (Herzmuscheln in einer Zwiebelsauce) oder *xoubas con cachelos* (Sardinen mit Kartoffeln). Für eine Stärkung zwischendurch empfehlen sich *empanadas* (typische Teigpasteten).

Para especialistas – Geheimtipps
Ein besonderes Erlebnis ist ein Besuch des Nationalparks der vorgelagerten Inseln *Ons*, *Sálvora* und *Cortegada*. Hier hat man die Wahl zwischen feinen Sandstränden und schroffen Steilküsten. Ein weiteres Highlight ist die sogenannte *Ribeira Sacra* zwischen *Ourense* und *Lugo*, dem tief eingeschnittenen Tal des *Miño*-Flusses, an dem sich steile Schluchten und sanfte Hänge abwechseln.

Lektion 7

ESSEN & TRINKEN

Wussten Sie?
Wer typisch spanisch und kostengünstig essen möchte, der sollte vornehmlich eine der zahlreichen und äußerst populären *tascas* oder *tabernas* (einfache Gasthäuser) aufsuchen, denn hier gibt es die wirklich authentischen regionalen Spezialitäten, und das oft in Form von angenehm günstigen Mittagsmenüs. In den exklusiveren *restaurantes* bestellt man normalerweise mehrere Gänge, wenn auch kein Kellner die Nase rümpfen wird, wenn man z. B. auf den Fisch oder das Fleisch verzichtet und sich nur auf Vorspeisen und/oder Salat beschränkt. Wirklich typisch spanisch sind natürlich die *tapas*, kleine Häppchen, die sich für die Stärkung zwischendurch, zum Aperitif oder einfach zum Auftakt in eine lange Nacht bestens eignen.

Zahlen, bitte!
In Spanien ist es äußerst unüblich, nach getrennten Rechnungen zu fragen. Hat man mit Freunden oder Bekannten gespeist, wird der Endbetrag in der Regel durch die Anzahl der Gäste geteilt. Und was ist mit dem Trinkgeld? Das lässt man einfach auf dem Tisch zurück (etwa 5–10% des Rechnungsbetrags). Das deutsche „Geben Sie mir auf ... heraus" oder „Stimmt so" löst in Spanien meist nur Unverständnis aus.

KATALONIEN – GARANTIERT OHNE LANGEWEILE!

¡No se lo pierda! – Sehenswertes
Die meisten Touristen beschränken sich in Katalonien auf die Hauptstadt Barcelona und die *Costa Brava*, doch auch jenseits der pittoresken Fischerdörfchen und reizvollen Buchten hat die Autonome Gemeinschaft *Cataluña* einiges zu bieten. In den Genuss des echten Kataloniens kommt man v. a. in den Provinzstädten wie dem im fruchtbaren Landesinneren gelegenen Lleida, dem aus römischer Zeit stammenden Tarragona oder dem romantisch ins Tal des *Ter* eingebetteten Gerona, die allesamt über eine lange Geschichte verfügen und noch viel Charme ausstrahlen.

¡Que aproveche! – Regionale Spezialitäten
In Katalonien befinden sich einige der namhaftesten Gourmettempel unseres Planeten, doch auch wer mit kleinem Budget reist, muss nicht auf anspruchsvolle Gaumenfreuden verzichten. Das vielleicht bekannteste Aushängeschild der katalanischen Küche ist *alioli*, die Knoblauchpaste, die man in der Regel allseits als Appetithappen mit Brot serviert bekommt. Daneben gibt es deftige Gerichte auf Reis- oder Nudelbasis – v. a. *canelones* und die feinen *fideus* –, Gemüse meist gebraten in Form der typischen *escalivada* oder Pilze, z. B. extravagant als *setas con caracoles* (Pilze mit Schnecken). Über die Grenzen Spaniens bekannt ist die *crema catalana* und zu internationaler Beachtung haben es auch die katalanischen Weine – vorrangig aus dem *Penedès* – sowie der Schaumwein *cava* gebracht.

Para especialistas – Geheimtipps
Natur pur ist das Motto eines „Streifzugs" durch den äußersten Nordwesten Kataloniens. Hier z. B. im *Parque Nacional de Aigües tortes* ragen die Berggipfel der Pyrenäen hoch in den Himmel und man wandert durch tief eingeschnittene Täler und entlang des leuchtend blaugrünen Gebirgssees *Sant Maurici*. Nördlich des Nationalparks schließt sich das *Val d'Aran* an, in dem man auf keinen Fall die malerischen Bergdörfchen Vielha und Bossòst verpassen sollte.

INTERNET UND TELEFON

Immer online

Auch in Spanien wird der Zugang ins WWW immer einfacher. Erfreulicherweise bieten mittlerweile die meisten Hotels und viele Pensionen gratis WLAN- Internetzugang im Zimmer bzw. in der Lobby. Auch gibt es in immer mehr Cafés die Möglichkeit, sich mit dem eigenen Laptop ins Netz einzuloggen. Außerdem existieren immer noch einige Internetcafés *(el Internet café* oder *cibercafé)*, die meist über eine schnellere Verbindung verfügen als die offenen Netze.

¿Diga?

Spanier melden sich am Telefon in der Regel mit *¿Diga?* oder *¿Dígame?* und nicht mit ihrem Nachnamen. Also bloß nicht gleich auflegen, weil Sie dachten, dass Sie sich verwählt haben ...

Wussten Sie?

Wussten Sie, dass die regionale Vorwahl auch innerhalb des jeweiligen Ortes mitgewählt werden muss, und zwar von Festnetz zu Festnetz oder vom Handy ins Festnetz? Die Ländervorwahl nach Spanien lautet 0034. Aus Spanien muss folgende Nummer vorgewählt werden: Deutschland: 0049, Österreich: 0043, Schweiz: 0041.

VALENCIA – NICHT NUR FÜR PAELLAFANS

¡No se lo pierda! – Sehenswertes

Valencia, die drittgrößte Stadt Spaniens, wird von Touristen immer noch selten besucht – völlig zu Unrecht. Die am Mittelmeer gelegene Stadt ist umgeben von fruchtbaren Gemüse-, Reis- und Obstlandschaften und weist ein geradezu typisch spanisches Flair auf. Erkunden Sie die leben digen Tavernen im historischen Stadtkern *Barrio del Carmen*, schlendern Sie durch die schmucke Markthalle *Mercado Central*, inhalieren Sie geschäftiges valencianisches Treiben auf der *Plaza de la Virgen* oder der *Plaza del Ayuntamiento*, entspannen Sie sich im botanischen Garten oder flanieren Sie durch den luxuriös anmutenden *Puerto Deportivo*, Valencias Sport- und Yachthafen.

¡Que aproveche! – Regionale Spezialitäten

Das bekannteste Gericht Valencias ist zweifellos die *paella*, die berühmte Reispfanne, die man hier v. a. *a la valenciana* (mit Hühnerfleisch, Kaninchen und Schnecken) oder *a la marinera* (mit Fisch und Meeresfrüchten) genießt. Als Alternative bieten sich *arroz negro* (ähnlich der *paella*, jedoch mit Tintenfisch und durch die Tinte schwarz gefärbtem Reis), *arroz al horno* (Reisauflauf im Römertopf) oder *fideuà* (*paella* auf Nudelbasis) an. Ebenso typisch ist das Mandelnougat *turrón* und die Erdmandelmilch *horchata*, die man z. B. zum Frühstück mit *fartons* (Hefestangen) trinkt. Stark, aber köstlich ist *agua de Valencia*, eine Art Punsch aus Schaumwein, Gin, Wodka und Orangensaft.

Para especialistas – Geheimtipps

Wirklich traditionell geht es in Valencia vom 15. bis zum 19. März während des *Fallas* genannten Patronatsfestes zu Ehren des Heiligen Josef von Nazareth – auf Spanisch *San José* – zu, bei dem teils haushohe Skulpturen aus Pappmaché und anderen brennbaren Materialien am letzten Tag des Festes feierlich verbrannt werden.

BANKEN UND POSTÄMTER

Wussten Sie?
Die EC-Karte kann gegen Gebühr an jedem Automaten mit Geheimnummer (PIN) zum Abheben von Bargeld eingesetzt werden. Die Gebühren für das Abheben mit der Kreditkarte sind in der Regel höher. Kreditkarten werden in den meisten Restaurants und Geschäften sowie an allen Tankstellen akzeptiert – jedoch Vorsicht, das „Klonen" von Karten kommt in Spanien relativ häufig vor.

Auf der Post
Im Zeitalter von SMS und E-Mails mögen Postkarten altmodisch wirken, doch so manch Zuhausegebliebener freut sich sicher noch über einen kleinen postalischen Gruß. Die gelben Briefkästen haben meist einen eigenen Schlitz für Stadtpost und Sendungen ins Ausland *(al extranjero)*. Briefmarken *(sellos)* erhält man auf den Postämtern *(oficinas de correo* oder nur *Correos)* und auch in den meisten Zeitschriftenläden *(estancos)*.

Das schönste Postamt der Welt
Der eindrucksvolle *Palacio de Comunicaciones* an der *Plaza de Cibeles* ist das ehemalige Hauptpostamt von Madrid. Er besteht seit 1909 und gilt bis heute als einer der Prachtbauten der spanischen Hauptstadt, ja vielleicht sogar als schönstes Postamt der Welt! Gefallen daran fand auch die Stadtverwaltung und übersiedelte im Jahre 2007 kurzerhand mit dem Rathaus hierher, weshalb man seine Postkarten mittlerweile anderswo aufgeben muss.

KANARISCHE INSELN – WILLKOMMEN IM EWIGEN FRÜHLING!

¡No se lo pierda! – Sehenswertes
Die Kanarischen Inseln – Fuerteventura, La Gomera, Gran Canaria, El Hierro, Lanzarote, La Palma und Tenerife – werben hierzulande mit dem Slogan *¡Bienvenidos en las islas de la primavera eterna!* (Willkommen auf den Inseln des ewigen Frühlings!). Dies sollte aber auf keinen Fall bedeuten, dass man hierher nur der Sonne und des Meeres wegen kommt. Schlendern Sie doch mal über einen Markt in Las Palmas de Gran Canaria oder Santa Cruz de Tenerife und Sie werden über das reiche Angebot an frischem, geradezu exotischem Obst, Fisch und Gemüse überrascht sein. Aber auch kulturell bieten die Inseln viel Interessantes, z. B. die zahlreichen Patronatsfeste, den Karneval oder das Musik leben, denn in den letzten Jahren haben sich in den Konzerthäusern *Auditorio Alfredo Kraus* in Las Palmas de Gran Canaria und *Auditorio de Tenerife Adán Martín* Künstler aus aller Welt ein Stelldichein gegeben.

¡Que aproveche! – Regionale Spezialitäten
Wunderbar sind die allerorts erhältlichen, frischen *zumos de fruta* (Fruchtsäfte), z. B. von Mangos, Papayas oder Bananen. Für etwas Energie mal zwischendurch empfehlen sich die einheimischen Kaffeevariationen wie der *barraquito* (Espresso mit Milch, Zucker, Zitronenschale, Zimt und Likör) oder der *cortado de leche y leche* (Espresso mit normaler Milch und Kondensmilch). Gegen den Hunger helfen die leckeren *papas arrugadas*, kleine Salzkartoffeln mit Schale und *mojo* (Pfeffersauce), die *ropa vieja* (zerkleinertes Fleisch mit Kichererbsen) oder der *sancocho canario* (Fisch mit Pellkartoffeln). Etwas Besonderes sind die Weißweine aus *Lanzarote* namens *malvasía*, die in einem eigenen Trockenfeldbau-Verfahren auf der regenarmen Lavainsel gekeltert werden.

Para especialistas – Geheimtipps
Weg vom Strand und ab ins Abenteuer! Erkunden Sie die landschaftliche Vielfalt der Inseln, z. B. im Nationalpark *Timanfaya* auf Lanzarote, wo die Lava in vielen Farben schimmert, in der Miniwüste *Maspalomas* auf Gran Canaria oder im üppigen Lorbeerwald von La Gomera.

DURCH SPANISCHE STÄDTE

Mit dem Fahrrad unterwegs

In vielen spanischen Großstädten bietet sich das Fahrrad als Alternative zum öffentlichen Nahverkehr an. Immer mehr Städte werden radfreundlich ausgebaut und dementsprechend werden auch die Einheimischen stetig radbegeisterter. Dass dies natürlich auch mit der enormen Popularität des Radsports in Spanien zusammenhängt, sei hier zumindest am Rande erwähnt. Das Radrennen *Vuelta Ciclista a España*, kurz *Vuelta a España*, ist eines der wichtigsten Etappenrennen der Welt – eine spanische Variante der *Tour de France*!

Wussten Sie?

In vielen Städten stehen auch Mieträder an Terminals zur Verfügung, für deren Anmietung man in der Regel eine Kreditkarte braucht.

Vías verdes

Seit einigen Jahren fördert die Regierung in Madrid das umweltfreundliche Reisen und hat in diesem Geiste über 1.800 Kilometer stillgelegte Bahntrassen, teilweise sogar über Viadukte und durch Tunnels, zu Rad- und Wanderwegen ausgebaut. Nach dem Motto *vías verdes, cero CO2* begeht oder befährt man hierauf im ganzen Land historische Bahnlinien. Und wer im Anschluss erfahren möchte, wie viel CO2-Emissionen man auf der entsprechenden Strecke im Gegensatz zum Autofahren eingespart hat, kann dies anhand eines Rechners auf der Internetseite (www.viasverdes.com) ermitteln.

ANDALUSIEN – MEHR ALS FLAMENCO UND STIERKAMPF

¡No se lo pierda! – Sehenswertes

Vieles, was bei uns als typisch spanisch gilt, hat seine Ursprünge in *Andalucía*, so z. B. der Stierkampf und der weltberühmte Flamenco. Das Erbe der zwischen 711 und 1492 herrschenden Mauren ist heute noch vor allem in der Architektur zu bestaunen und natürlich gehört ein Besuch der *Alhambra* von Granada und der *Mezquita* von Córdoba auf jede Urlaubstopliste. Weniger bekannt sind dagegen die kleineren Städte wie Cádiz, Huelva oder Jaén, die noch unverfälschtes andalusisches Leben bieten. Turbulent geht es überall in Andalusien in der Karwoche zu, wenn in den Städten und Dörfern bunte Prozessionen stattfinden.

¡Que aproveche! – Regionale Spezialitäten

Wer denkt bei andalusischer Küche nicht unweigerlich an *jamón serrano* (Serrano-Schinken) oder die kalte Gemüsesuppe *gazpacho*? Aber auch die heute in ganz Spanien beliebten kleinen Häppchen namens *tapas* haben hier ihren Ursprung. Nicht versäumen sollten Sie *mojama*, gepökelte und luftgetrocknete Filetstücke vom Thunfisch, so interessante Kreationen wie *truchas rellenas de jamón* (mit Schinken gefüllte Forellen), *rabo de toro con ciruelas pasas* (Stierschwanz mit Backpflaumen) oder *riñones al jerez* (Kalbsnieren in Sherry). Apropos Sherry, der Likörwein gehört zu Andalusien wie die *Alhambra* zu Granada. Man liebt ihn *fino* oder *manzanilla* (trocken), *amontillado* (halbtrocken) oder *oloroso* (süß).

Para especialistas – Geheimtipps

Andalusien ist ein Paradies für Pferdefreunde. Statten Sie doch mal der *Feria del Caballo* einen Besuch ab, die jeden Mai in Jerez de la Frontera stattfindet, oder gehen Sie mit auf die eindrucksvolle Wallfahrt nach *Aldea de Rocío*, wenn die Bruderschaften von weit her mit Pferdefuhrwerken anreisen. Und wer selber *en caballo* (mit dem Pferd) unterwegs sein möchte, der findet in den meisten Orten Andalusiens über die Fremdenverkehrsämter die Möglichkeit, das Umland auf dem Rücken eines Gauls zu erkunden.

KLEIDUNG UND MODE

Wussten Sie?

Seit einigen Jahren haben spanische Designer und Modeschöpfer ihren festen Platz in der internationalen Szene. Beim Thema Mode hat man die Wahl zwischen *prêt-à-porter* und individuellen Kreationen, ganz exklusiv aus den Boutiquen der Couturiers in Madrid und Barcelona.

Und was man sonst so kauft

Wer als Selbstversorger durch Spanien reist, der kann wie zuhause zwischen Obst-, Gemüse, Fisch- oder Fleischmärkten, großen Supermärkten und kleinen Lädchen wählen (auf S. 95 finden Sie einige Bezeichnungen für Geschäfte auf Spanisch und ihre Übersetzung).

¿Siesta? – ¡Siesta!

Das Leben steht in Spanien zwischen etwa 14 und 17 Uhr still, denn dann herrscht die *siesta* (Mittagspause), während der nicht nur Fremdenverkehrsbüros und viele Museen, sondern auch einige Geschäfte geschlossen haben.

KASTILIEN-LA MANCHA – DAS HISTORISCHE ZENTRUM

¡No se lo pierda! – Sehenswertes

Das in Miguel de Cervantes Werk *El ingenioso hidalgo don Quijote de la Mancha* (Der sinnreiche Junker Don Quijote von der Mancha) verewigte Kastilien-La Mancha kann getrost als Herz Spaniens bezeichnet werden, zumindest im geografischen Sinne. Hier auf der dünn besiedelten Hochebene mit ihren Windmühlen scheint vielerorts die Zeit stehengeblieben zu sein. Verpassen Sie nicht die historischen Zeugen vergangener Jahrhunderte wie die Burgen von *Almansa*, *Alarcón*, *Maqueda* oder *Torija*, die hübsche *Plaza Mayor* in *Ciudad Real*, die *Casas Colgadas* (Hängende Häuser) in *Cuenca*, die Prachtbauten von *Guadalajara* und natürlich die kunsthistorischen Baudenkmäler von *Toledo*, z. B. die Stadttore, die Wallfahrtskirche *Cristo de la Vega* oder die ehemaligen Synagogen.

¡Que aproveche! – Regionale Spezialitäten

Die Küche von *Castilla-La Mancha* ist herzhaft und erfindungsreich zugleich. Man liebt hier *gazpachos* (sogenannte „Schäfertöpfe" oftmals mit Kaninchen, Hase oder Rebhuhn) oder *gachas de matanza* (ein Brei aus Kichererbsenmehl mit Schweineleber), die mit *pan ázimo* (einem dünnen Fladenbrot) gegessen werden. Versuchen Sie die *morteruelos* genannten Fleischpasteten, bei denen praktisch jede Stadt ihre eigenen Rezepte hat, oder, wem mehr nach Fisch zumute ist, einen *ajoarriero* (ein Gericht aus Kabeljau, Kartoffeln und reichlich Knoblauch). In ganz Spanien äußerst beliebt sind der Schafskäse *Manchego* und die schlichten weißen Tafelweine aus dem größten Weinbaugebiet des Landes mit Herkunftsbezeichnung namens *D. O. (= Denominación de Origen) La Mancha.*

Para especialistas – Geheimtipps

Nicht nur Kostümfans mag das im Juli stattfindende Mittelalterfest von *Hita* begeistern, das an das Werk des Dichters Juan Ruiz – auch *arcipreste de Hita* (Erzpriester von *Hita*) genannt – erinnert. Geradezu erfrischend im meist karg-trockenen Süden von *Castilla-La Mancha* ist der Naturpark *Lagunas de Ruidera* mit seinen türkis schimmernden Seen.

GESUNDHEIT

Krank im Urlaub?

Lieber nicht, doch im Fall der Fälle gilt: mit der Europäischen Krankenversicherungskarte (EHIC) können gesetzlich Versicherte europaweit unmittelbar erforderliche medizinische Versorgung in Anspruch nehmen. Die Karte gilt in allen Ländern der EU und bei in Deutschland und Österreich gesetzlich Versicherten ist sie kostenlos bei der Kasse zu erhalten. Die Vorlage der Karte genügt, um bei Unfall oder akuter Erkrankung behandelt zu werden. Gegebenenfalls kann es von Vorteil sein, eine Auslandsreisekrankenversicherung abzuschließen, insbesondere hinsichtlich des Rücktransports im Krankheitsfall.

Wussten Sie?

Apotheken sind in Spanien zahlreich und leicht zu finden, man erkennt sie in der Regel an einem grünen Kreuz. Außerhalb der regulären Öffnungszeiten (meist Mo–Sa 9–14 und Mo–Fr 16.30–20 Uhr) sind diensthabende Apotheken – *farmacia de guardia* – den Aushängen zu entnehmen. Bei kleineren Verletzungen kann man sich in Erste- Hilfe-Stationen *(primeros auxilios)* begeben. Ansonsten stehen in größeren Orten Krankenhäuser und Notdienststellen zur Verfügung.

Und was haben Sie?

Wundern Sie sich nicht, wenn Sie in Spanien beim Arzt im Wartezimmer sitzen, dass sich die anderen Patienten nach Ihren Leiden erkundigen. Spaniern ist es offensichtlich unangenehm, sich über längere Zeit schweigend gegenüberzusitzen. Ob also beim Arzt, in einem Zugabteil oder an der Bushaltestelle, man spricht miteinander. Eine tolle Gelegenheit, um das Gelernte anzuwenden, finden Sie nicht?

BASKENLAND – KUNST IM HOHEN NORDEN

No se lo pierda! – Sehenswertes

Wer würde im äußersten Norden Spaniens schon ein Kleinod für Architektur- und Kunstfans vermuten? Doch tatsächlich weist das kleine Baskenland einige echte „Leckerbissen" für kunstbegeisterte Besucher auf, so z. B. das Guggenheim-Museum in Bilbao, der Museumspark *Chillida-Leku* in Hernani, das Baskische Zentrum der Zeitgenössischen Kunst in Vitoria und das *Museo de Bellas Artes* ebenfalls in Bilbao.

¡Que aproveche! – Regionale Spezialitäten

Überraschend viele der innovativsten Spitzenköche Spaniens sind aus *Euskadi* und die traditionelle baskische Küche ist es definitiv wert, erkundet zu werden. Die wohl beliebteste Zutat einheimischer Spezialitäten ist der *bacalao* (Stockfisch), den man hier u. a. als *purrusalda* (Eintopf mit Stockfisch, Lauch und Kartoffeln), als Carpaccio oder *al pil-pil* (eingelegter Stockfisch in Knoblauchsauce) liebt. Nicht verpassen sollte man außerdem eine *merluza a la koxkera* (Seehecht mit Erbsen, Spargel und Venusmuscheln), *revueltos de perretxikos* (Rührei mit Pilzen), *pintxos* (die regionale Variante der Tapas) oder den hervorragenden geräucherten *Idiazábal*-Käse.

Para especialistas – Geheimtipps

Wer Abenteuer und Natur sucht, sollte sich weg von der Küste landeinwärts bewegen. Grandios ist z. B. der Öko-Park *El Carpín* bei Biáñez, in dem man sehr professionell in die Flora und Fauna Nordspaniens eingeführt wird, sowie die Höhle von *Pozalagua* bei Ranero mit ihren kurios gewachsenen Stalaktiten.

Lösungen, Hörtexte und Übersetzung der Dialoge

Lektion 1

Schon längst bekannt, nicht wahr?

1. – e., 2. – d., 3. – b., 4. – a., 5. – c.

Dialog A

- Guten Tag/Morgen, Herr García.
- Guten Tag/Morgen, Frau Domínguez.
- Wie geht es Ihnen?
- Sehr gut, danke. Und Ihnen?
- Mir geht es gut, danke. Ich stelle Ihnen meinen Ehemann Jorge vor.
- ▲ Angenehm.
- Ich stelle Ihnen meine Frau Marta vor.
- ◆ Sehr erfreut.
- Hier ist unser Zug. Bis bald, „Señores".
- Auf Wiedersehen und gute Reise.

- **Buenos días**, señor García.
- Buenos días, señora Domínguez.
- **¿Cómo está usted?**
- Muy bien, gracias. ¿Y usted?
- Estoy bien, gracias. Le presento a mi marido Jorge.
- ▲ Un placer.
- Les presento a mi esposa Marta.
- ◆ Encantada.
- Aquí está nuestro tren. Hasta pronto, señores.
- **Adiós** y buen viaje.

Übungen A

2. 1. – a., 2. – b., 3. – b., 4. – a.

3. 1. – a., 2. – a., 3. – a., 4 – b.

Hörtext:

- Hola, María, ¿cómo estás?
- Hola, Enrique, estoy bien, gracias. Y tú, ¿cómo estás?
- No estoy mal. ¿Cómo está el señor Luis?
- Está regular. ¿Y cómo está la señora Tur?
- Está bien.

4. 1. – e., 2. – d., 3. – a., 4. – b., 5. – c.

Dialog B

- Hallo, Raquel, wie geht es dir?
- Hallo, Antonio! Mir geht es gut, und dir, wie geht es dir denn so?
- Na ja, es geht so. Ich bin heute sehr müde.
- Du Armer, das tut mir leid. Schau mal, das ist Carlos, ein Freund.
- Hallo, Carlos.
- ▲ Hallo, Antonio.
- Und deine Freundin?
- Sie ist nicht meine Freundin, sondern meine Cousine. Sie heißt Ana.
- Willkommen in Barcelona, Ana.
- ◆ Danke!

Antonio geht es einigermaßen, er ist heute sehr müde.

Übungen B

2. 1. Hola, Ana. Te presento a mi amiga.
2. Hola, Esteban. Te presento a mi compañero.
3. Hola, Raquel. Te presento a mi hermana.
4. Hola, Antonio. Te presento a mi primo.
5. Hola, María. Te presento a mi colega.

3. 1. – e., 2. – a., 3. – b./d./f., 4. – b./d./f., 5. – c., 6. – b./d./f.

4. 1. – c., 2. – a., 3. – f., 4. – d., 5. – e., 6. – b.

Lektion 2

Nicht immer ganz leicht!

1. – g., 2. – e., 3. – f., 4. – h., 5. – b., 6. – d., 7. – c., 8. – a

Dialog A

- Entschuldigung, ist der Platz frei?
- Ja.
- Danke.
- Entschuldigen Sie (mich), aber Sie sind kein Spanier, oder?
- Nein, ich bin Deutscher. Und Sie, woher sind Sie?
- Ich bin Spanierin, aus Málaga, aber ich arbeite jetzt hier in Madrid.
- Málaga, was für eine schöne Stadt!

- Und Sie, aus welcher Stadt in Deutschland sind Sie?
- Ich bin aus Berlin.
- Sind Sie in Madrid als Tourist?
- Nein, ich wohne hier. Meine Frau ist Spanierin.
- Ach so! Was für ein Glück!

Der Mann ist Deutscher, er kommt aus Berlin.

Übungen A

2. 1. Perdone. Usted no es español, ¿verdad? 2. No, soy alemán. Pero vivo en Barcelona. 3. ¡Qué ciudad tan bonita! ¿Y en qué trabaja? 4. Trabajo en un banco, ¿y usted? 5. No trabajo. Estoy aquí para hacer turismo. 6. Adiós y buen viaje.

3. 1. Perdone, ¿está libre? 2. ¿De dónde eres (tú)? / ¿De dónde es (usted)? 3. Vivo en ... 4. Trabajo en una oficina. 5. Trabajo en un banco. 6. Mi marido es español.

4. 1. – c., 2. – b., 3. – d., 4. – a., 5. – f., 6. – e.

Dialog B

- Hallo. Du bist Heike, nicht wahr?
- Ja, ja ... und du, wie heißt du?
- Ich heiße Antonio, ich bin ein Freund von Carmen.
- Ach ja! Stimmt! Hallo, Antonio.
- Du bist Französin, oder?
- Nein, nein. Ich bin Deutsche, aus Frankfurt.
- Ah gut, und bist du alleine in Spanien?
- Nein, ich bin hier mit meiner Schwester und meiner Tochter.
- Ach so! Bist du verheiratet?
- Ich bin getrennt. Und du?
- Ich bin verheiratet und habe einen Sohn. Und was machst du in Spanien?
- Ich bin Übersetzerin und arbeite viel hier.
- Ah, interessant!
- Also, ich muss jetzt arbeiten.
- Ja, selbstverständlich. Bis bald.
- Auf Wiedersehen.

Heike ist Übersetzerin.

Übungen B

2. 1. ¿Cómo estás? 2. Tú eres de Berna, ¿verdad? 3. Mi hermana está casada. 4. ¿Usted es español? 5. Estoy muy cansado hoy. 6. Soy austriaco, ¿y tú?

3. 1. – b., 2. – a., 3. – a.

Hörtext:

- ¡Hola, Rafael!
- ¡Hola, Silke! ¿Qué tal? Te presento a Carmen, mi mujer. Carmen, esta es Silke, es alemana.
- ▲ Hola, encantada.
- Hola. No soy alemana, soy austriaca, mi marido es alemán.
- Ah, perdona.

4. 1. – c., 2. – e., 3. – f., 4. – b., 5. – d., 6. – a.

Lektion 3

Dialog A

- Entschuldigen Sie, wie viel Uhr ist es?
- Es ist halb drei.
- Wann kommen wir in Córdoba an?
- Córdoba? Dieser Zug fährt nicht nach Córdoba!
- Wie bitte?
- Um nach Córdoba zu fahren, müssen Sie in Sevilla umsteigen. Es ist die nächste Station.
- Und wann kommen wir an?
- Ich weiß es nicht genau, aber wir können den Schaffner fragen.
- ▲ Die Fahrkarten, bitte.
- Bitte schön. Entschuldigen Sie, um wie viel Uhr kommen wir in Sevilla an?
- ▲ Wir haben zehn Minuten Verspätung. Der Zug kommt um Viertel nach drei am Gleis acht an.
- Vielen Dank.
- ▲ Bitte. Gute Reise!

Die Frau möchte nach Córdoba reisen.

Übungen A

2. 1. Llevamos cinco minutos de retraso. 2. ¿A qué hora llegamos? 3. Este tren no va a Jerez de la Frontera. 4. Usted tiene que cambiar de tren en Murcia. 5. Podemos preguntar al revisor. 6. El tren a Córdoba sale a las cuatro.

3. 1. – 9, 2. – 8, 3. – 12, 4. – 6, 5. – 5, 6. – 3, 7. – 4, 8. – 11, 9. – 2, 10. – 1, 11. – 10, 12. – 7

4. 1. ¿Qué hora es? – Son las tres y media. 2. Son las siete y cuarto. 3. Son las cinco menos cuarto. 4. Son las cinco. 5. Son las doce. / Es mediodía. 6. Es la una y media. 7. Son las tres menos cuarto. 8. Son las doce. / Es medianoche. 9. Son las once y cuarto. 10. Son las seis y media. 11. Son las nueve menos cuarto. 12. Son las diez.

Dialog B

- Entschuldigen Sie, wo ist die Touristen-information?
- Sie ist dort, aber sie ist heute geschlossen. Es gibt noch eine auf der Plaza de España.
- Ist es weit von hier?
- Ein wenig, ja.
- Kann ich zu Fuß gehen?
- Am besten nehmen Sie den Bus. Der C3.
- Sehr gut. Wissen Sie, wo die Bushaltestelle ist?
- Ja, sie ist gleich hier gegenüber. Sie müssen den Platz überqueren.
- Wo kaufe ich die Fahrkarte?
- Im Bus, beim Fahrer.
- Danke.
- Bitte. Auf Wiedersehen.

- Disculpe, ¿dónde está la **oficina de turismo**?
- Está ahí, pero hoy está cerrada. Hay otra en la Plaza de España.
- ¿Está lejos de aquí?
- Un poco sí.
- ¿Puedo ir a pie?
- Lo mejor es coger el autobús. El C3.
- Muy bien. ¿Sabe dónde está la **parada de autobús**?
- Sí, está justo ahí enfrente. Debe cruzar la **plaza**.
- ¿Dónde compro el **billete**?
- En el autobús, al conductor.
- Gracias.
- De nada. Adiós.

Übungen B

2. 1. Disculpe, ¿la oficina de turismo está lejos? 2. Sí, está muy lejos. No puede ir a pie. 3. ¿Es mejor coger el metro? 4. Sí, debe bajarse en la Plaza de España. 5. Muy bien, pero ¿dónde está la estación del metro? 6. Está aquí enfrente.

3. 1. – a., 2. – b., 3. – a.

Hörtext:

- Perdone, ¿dónde está la oficina de turismo?
- Está en la calle Mayor.
- ¿Está lejos de aquí?
- No, no está lejos, pero hoy está cerrada.
- Gracias.

4. 1. ¿Cómo llego allí? – Tiene que coger el tranvía. 2. ¿Cómo llego a la Plaza del Parque? – Tiene que coger un taxi. 3. ¿Cómo llego al centro? – Tiene que ir andando. 4. ¿Cómo llego a Granada? – Tiene que coger el autobús. 5. ¿Cómo llego a la Plaza Colón? – Tiene que coger el metro. 6. ¿Cómo llego a Bilbao? – Tiene que coger el tren.

Lektion 4

Dialog A

- Guten Tag/Morgen, kann ich Ihnen helfen?
- Ja, ich suche ein Hotel in Sevilla für heute.
- (Für) Wie viele Nächte?
- Drei Nächte.
- Für wie viele Personen?
- Zwei Personen.
- Mal sehen ... Ja, hier habe ich eins, das Hotel Emperador. Ein Doppelzimmer kostet 100 Euro pro Nacht.
- Na ja, es ist ein wenig teuer ...
- Eine andere Alternative ist das Hotel Al-Andalus, 70 Euro pro Nacht.
- Ist es weit vom Zentrum?
- Nein, nein. Es ist in der Nähe vom Prado de San Sebastián.
- Alles klar, haben Sie die Telefonnummer?
- Ja, bitte schön: 954 421 238.
- Vielen Dank.
- Bitte, auf Wiedersehen.

- Buenos días, ¿puedo ayudarle?
- Sí, busco un hotel en Sevilla para hoy.
- **¿Cuántas noches?**
- Tres noches.
- ¿Para cuántas personas?
- Dos personas.
- A ver ... Sí, aquí tengo uno, el hotel Emperador. Una **habitación doble** cuesta 100 euros por noche.
- Bueno, es un poco caro ...
- Otra alternativa es el hotel Al-Andalus, 70 euros **por noche**.
- ¿Está lejos del centro?
- No, no. Está cerca del Prado de San Sebastián.
- Está bien, ¿tiene el número de teléfono?
- Sí, aquí tiene: 954 421 238.
- Muchas gracias.
- De nada, adiós.

Übungen A

2. 1. habitaciones, 2. días, 3. noches, 4. estrellas, 5. teléfonos, 6. estudiantes, 7. números,

8. direcciones, 9. autobuses, 10. horas, 11. pensiones, 12. paradas

3. 1. Cuesta noventa y cinco euros por noche.
2. Cuesta setenta euros por noche.
3. Cuesta cuarenta y nueve euros por noche.
4. Cuesta ochenta y cuatro euros por noche.
5. Cuesta treinta y dos euros por noche.
6. Cuesta cincuenta y un euros por noche.
7. Cuesta dieciocho euros por noche.
8. Cuesta veintitrés euros por noche.
9. Cuesta sesenta y seis euros por noche.
10. Cuesta ochenta y nueve euros por noche.
11. Cuesta cuarenta euros por noche.
12. Cuesta treinta y siete euros por noche.

4. 1. Busco una pensión para tres noches.
2. Tengo una habitación individual o una doble.
3. Está bien, ¿pero para cuántos días?
4. El hotel no está en el centro, ¿verdad?
5. ¿Me puede dar el número?
6. Lamentablemente es un poco caro.

Dialog B
- Guten Tag/Morgen, Hotel Al-Andalus.
- Guten Tag/Morgen, haben Sie freie Zimmer für heute?
- Für wie viele Nächte?
- Drei Nächte im Doppelzimmer.
- Ja, kein Problem, auf welchen Namen?
- Zimmermann.
- Können Sie es buchstabieren, bitte?
- Klar. Z wie Zaragoza, I wie Italia, M wie María, M wie María, E wie España, R wie Ramón, M wie María, A wie Antonio ...
- Ja, ja. Zimmermann, danke. Um wie viel Uhr kommen Sie an?
- Ungefähr (mehr oder weniger) um drei. Können Sie mir bitte die Bestätigung schicken?
- Haben Sie eine E-Mail-Adresse?
- Ja, zimmermann@webmail.de.
- Sehr gut, dann bis heute Nachmittag.

Der Gast möchte das Zimmer für drei Nächte reservieren.

Übungen B
3. 1. – a., 2. – a., 3. – b., 4. – a.

Hörtext:
- Buenos días, busco una habitación doble para dos noches.
- ¿Para cuándo?
- Para mañana.
- No hay problema. ¿A qué hora llegan?
- A las cinco.
- Muy bien.
- ¿Puede enviarme la confirmación? Mi correo electrónico es mgarcia@aol.es.
- Claro.
- Gracias.
- Hasta mañana, señor García.
- Hasta mañana.

4. 1. Quisiera reservar una habitación doble para dos noches, por favor. 2. Quisiera reservar una habitación individual para una noche, por favor. 3. Quisiera reservar una habitación de matrimonio para cuatro noches, por favor. 4. Quisiera reservar tres habitaciones individuales para cinco noches, por favor. 5. Quisiera reservar dos habitaciones dobles para tres noches, por favor.

Lektion 5

Luxus pur
1. Bett, 2. Telefon, 3. Schrank, 4. Tisch, 5. Fernseher, 6. Stuhl, 7. Teppich, 8. Ventilator, 9. Kissen, 10. Lampe

Dialog A
- Hallo, wir haben eine Reservierung für heute.
- Hallo, sagen Sie mir bitte Ihren Namen?
- Mein Name ist Markus Richter. Hier ist die Bestätigung.
- Danke. Haben Sie einen Personalausweis?
- Bitte schön.
- Sehr gut, danke. Die Reservierung ist für zwei Nächte, nicht wahr?
- Nein, nein, für drei. Wir reisen am Samstag ab.
- Einverstanden. Ihr Zimmer ist die Nummer 25 und befindet sich im zweiten Stock. Hier ist Ihr Schlüssel.
- Danke. Entschuldigen Sie, das Frühstück ist im Preis inbegriffen, oder?

- Genau. Es wird im Erdgeschoss von 7 bis 10 Uhr morgens serviert.
- Vielen Dank, guten Abend.
- Auch Ihnen einen guten Abend.

Das Zimmer wurde für drei Nächte reserviert und das Frühstück ist im Preis inbegriffen.

Übungen A

2. 1. – b., 2. – a., 3. – a., 4. – b.

3. 1. Necesito una habitación individual para dos noches. 2. Tengo una reserva de una habitación doble. 3. Quisiera una habitación de matrimonio. 4. Tengo un comprobante de la reserva. 5. Quisiera una habitación con desayuno incluido. 6. Me quedo cuatro noches.

4. 1. Nos quedamos una noche, salimos el lunes.
2. Nos quedamos dos noches, salimos el martes.
3. Nos quedamos tres noches, salimos el miércoles.
4. Nos quedamos cuatro noches, salimos el jueves.
5. Nos quedamos cinco noches, salimos el viernes.
6. Nos quedamos seis noches, salimos el sábado.
7. Nos quedamos siete noches, salimos el domingo.

Dialog B

- Rezeption, guten Tag/Abend.
- Guten Tag/Abend. Ich rufe von Zimmer 25 an.
- Was kann ich für Sie tun?
- Es tut mir leid, aber mir gefällt das Zimmer nicht. Haben sie nicht ein größeres und ruhigeres, das nicht zur Straße hin liegt?
- Es tut mir sehr leid, aber das Hotel ist heute ausgebucht. Morgen wird ein Zimmer mit Meerblick frei.
- Sehr gut, aber es gibt ein anderes Problem.
- Und das wäre?
- Die Dusche funktioniert nicht und es gibt kein heißes Wasser. Außerdem schließt das Fenster nicht.
- Du meine Güte! Keine Sorge, ich schicke Ihnen gleich jemanden.
- Danke, und könnten Sie mir bitte noch ein Kissen bringen?
- Natürlich. Guten Tag/Abend.
- Guten Tag/Abend.

- Recepción, buenas tardes.
- Buenas tardes. Llamo de la habitación 25 (veinticinco).
- ¿En qué puedo ayudarle?
- Lo siento pero no me gusta la habitación. ¿No tienen una más grande y más tranquila que no dé a la calle?
- Lo siento mucho pero el hotel hoy está completo. Mañana se queda libre una habitación con vistas al mar.
- Muy bien, pero hay otro problema.
- Dígame.
- La ducha no funciona y no hay agua caliente. Además la ventana no cierra.
- ¡Dios mío! No se preocupe que ahora mismo le mando a alguien.
- Gracias, ¿y podría traerme otra almohada, por favor?
- Por supuesto. Buenas tardes.
- Buenas tardes.

Übungen B

2. 1. El ascensor no funciona. 2. La habitación no me gusta. 3. No hay una habitación más tranquila. 4. La ventana no cierra. 5. El hotel no está completo. 6. ¿Tiene una habitación que no dé a la calle? / ¿No tiene una habitación que dé a la calle?

3. 1. – b., 2. – b., 3. – b., 4. – b.

Hörtext:

- Recepción, buenas tardes.
- Soy Miguel Martínez de la habitación 202.
- ¿En qué puedo ayudarle?
- Querría una habitación más tranquila. Además el secador de pelo no funciona y hay solo agua fría.
- Lo siento mucho, el hotel está completo pero ahora mismo le mando a alguien.
- Muchas gracias.
- Por supuesto.

4. 1. – b., 2. – a., 3. – b.

Lektion 6

Trockene Kehlen?

1. Bier, 2. Espresso, 3. Milchkaffee, 4. Cappuccino, 5. Tee, 6. Weißwein, 7. Rotwein, 8. Wasser mit Kohlensäure

Dialog A

- ● Guten Tag/Morgen, was nehmen Sie?
- ■ Guten Tag/Abend. Ich hätte gern einen Milchkaffee und einen Schinkentoast, bitte.
- ● Sonst noch etwas?
- ■ Nein, das ist alles, danke. ...
- ● Bitte schön.
- ■ Danke. Wissen Sie, wo die Kathedrale ist?
- ● Ja, sie ist hier ganz in der Nähe.
- ■ Können Sie mir den Weg erklären?
- ● Klar. Sie müssen diese Straße geradeaus bis zur Ampel gehen. Dann die erste rechts.
- ■ Danke. ...
- ● Möchten Sie noch etwas?
- ■ Ein Glas Wasser und die Rechnung, bitte.

- ● Buenos días, ¿qué quiere tomar?
- ■ Buenos días. Querría un **café con leche** y una **tostada con jamón** , por favor.
- ● ¿Algo más?
- ■ No, nada más, gracias. ...
- ● Aquí tiene.
- ■ Gracias. ¿Sabe dónde está la catedral?
- ● Sí, está muy cerca de aquí.
- ■ ¿Me puede explicar el camino?
- ● Claro. Tiene que seguir esta calle todo recto hasta el semáforo. Luego la primera a la derecha.
- ■ Gracias. ...
- ● ¿Quiere algo más?
- ■ Un vaso de **agua** y la **cuenta** , por favor.

Übungen A

2. 1. Buenos días, ¿qué quiere tomar? 2. Querría una copa de vino tinto, por favor. 3. ¿Sabe dónde está la catedral? 4. Sí, pero está un poco lejos de aquí. 5. Tiene que cruzar la Plaza de la Constitución. 6. Y luego tiene que girar a la derecha.

3. 1. Luego tiene que girar a la derecha. 2. Luego tiene que cruzar la calle. 3. Luego tiene que seguir todo recto. 4. Luego tiene que dar la vuelta ahí. 5. Luego tiene que girar a la izquierda.
6. Luego tiene que regresar hasta la plaza.

4. 1. Querría ... / Para mí ... 2. ¿Qué quiere(s) tomar?
3. ¿Me puede explicar el camino?
4. ¿Está lejos la Plaza de la Catedral?
5. Tiene que seguir todo recto hasta el semáforo.

Dialog B

- ● Was kann man (denn) hier abends machen?
- ■ Na ja, es kommt darauf an. Was gefällt Ihnen denn?
- ● Ich tanze gern. Gibt es hier eine Disko?
- ■ Na ja, Sie müssen ein wenig zu Fuß gehen oder die U-Bahn nehmen, es ist weit weg.
- ● Wie lange braucht man?
- ■ Eine halbe Stunde zu Fuß.
- ● Nein, dann nicht...
- ■ Mögen Sie Theaterstücke?
- ● Nein, nicht sehr. Ich mag lieber romantische Filme.
- ■ Also, morgen beginnt das Filmfestival.
- ● Fantastisch! ... Nun, gibt es (denn) hier ein Kino?
- ■ Ja, klar! Es gibt ein sehr großes direkt gegenüber dem Hotel.
- ● Danke.

Zur Diskothek ist es eine halbe Stunde zu Fuß.

Übungen B

2. 1. Hola, ¿hay una tasca por aquí?
2. Sí, ¡claro! Está justo enfrente del hotel.
3. Bueno, depende. No me gusta mucho bailar.
4. Prefiero las películas románticas.
5. Mañana empieza el festival de teatro.
6. ¡Fantástico! Me gustan las obras de teatro.

3. 1. – a., 2. – a., 3. – a.

Hörtext:

- ● Buenos días, ¿qué quiere tomar?
- ■ Un café con leche, por favor. ... Perdone, ¿qué se puede hacer aquí por la noche?
- ● Bueno, depende. ¿Qué le gusta?
- ■ Me gusta bailar. ¿Hay alguna discoteca por aquí?
- ● Bueno, hay una, pero tiene que caminar un poco o coger el metro, está lejos.

4. 1. – e., 2. – c., 3. – f., 4. – a., 5. – d., 6. – b.

Test 1

1. 1. – c., 2. – b., 3. – a., 4. – b., 5. – c., 6. – b.

2. 1. – f., 2. – g., 3. – e., 4. – d., 5. – c., 6. – a., 7. – h., 8. – b.

3. Mögliche Dialoge:

1. *Sie treffen Ihren Bekannten Herrn Martínez.*
- ● Buenos días, señor Martínez. ¿Cómo está?
- ■ Muy bien. ¿Y usted?
- ● Estoy bien/regular, gracias. Le presento a mi amigo/colega/esposa.
- ■ Adiós y buen viaje.

2. *Sie halten einen Plausch mit einem/einer Fremden.*
- ● Usted no es español/a, ¿verdad?
- ■ No, soy alemán/alemana/austriaco/-a, de Berlín/Viena. ¿Y usted?
- ● Soy de Madrid/Barcelona/Sevilla. ¿En qué trabaja?
- ■ Soy estudiante/comerciante/pensionista. ¿Usted está casado/-a?

3. *Sie rufen bei einem Hotel zwecks Zimmerreservierung an.*
- ● Buenas tardes, hotel Emperador/Don Pedro, ¿puedo ayudarle?
- ■ ¿Tiene una habitación individual/doble libre para hoy/mañana/el próximo lunes?
- ● Sí, no hay problema, ¿a qué nombre?
- ■ Me llamo Meyer/Schmidt/Schneider. ¿Puede enviarme la confirmación, por favor?

4. *Sie sitzen im Zug und erkundigen sich beim Schaffner.*
- ● Perdone, ¿a qué hora llegamos a Burgos/ Murcia/Salamanca?
- ■ Llevamos cinco/diez/veinte minutos de retraso. El tren llega a las dos y media/tres menos cuarto.
- ● ¿A qué hora y de dónde sale el tren para Cádiz/Zaragoza?
- ■ El tren sale a las cinco/seis/siete, del andén trece/catorce/quince.

5. *Ihre Freundin Carolina läuft Ihnen zufällig über den Weg.*
- ● Hola, Carolina, ¿cómo estás?
- ■ Bien/Muy bien/Regular. Te presento a un amigo/una amiga.
- ● Un placer, ¿es español?
- ■ No, es alemán/suizo. ¡Hasta luego!

6. *Sie erkundigen sich an der Hotelrezeption.*
- ● Perdone/Disculpe. ¿Qué se puede hacer aquí por la noche?
- ■ Bueno, depende. Hay bares/pubs y si le gusta bailar, hay una discoteca.
- ● Prefiero una obra de teatro/una película/un concierto. ¿No hay un teatro/un cine/una fiesta?
- ■ Sí, ¡claro! Hay uno/-a en la calle Cervantes/ Santa Cruz.

4. 1. ¿Qué hora es? 2. ¡Buen viaje!, 3. No te preocupes./No se preocupe. 4.¡Hasta la próxima!, 5. Querría un café con leche. 6. Busco un hotel. 7. Encantado/a. 8. ¿Dónde está la oficina de turismo?

Lektion 7

Und was ist Ihr Leibgericht?

1. Karamellpudding, 2. Oliven, 3. Paella (Reisgericht), 4. Serrano-Schinken, 5. Schafskäse aus La Mancha, 6. Kartoffelomelett
Auf dem Foto sind 2., 4. und 6. abgebildet.

Dialog A

- ● Guten Tag/Abend, haben Sie einen Tisch für zwei Personen?
- ■ Ja, ist es hier in Ordnung?
- ● Ja, danke.

...

- ■ Hier ist die Karte.
- ▲ Wir möchten etwas Typisches essen. Was empfehlen Sie uns?
- ■ Als ersten Gang haben wir einen sehr guten Gazpacho.
- ● Enthält Gazpacho Fleisch? Ich bin nämlich Vegetarierin.
- ■ Nein, nein. Gazpacho enthält kein Fleisch, nur Gemüse.
- ● Dann nehme ich den Gazpacho.
- ▲ Ich nehme einen Thunfischsalat.
- ■ Und zum Trinken?
- ▲ Eine Flasche Mineralwasser, bitte.
- ■ (Kommt) sofort.

- ● Buenas tardes, ¿tienen mesa para dos personas?
- ■ Sí, ¿está bien aquí?
- ● Sí, gracias.

...

- ■ Aquí tienen la **carta**.
- ▲ Queremos tomar algo típico. ¿Qué nos recomienda?

- ■ De primero tenemos un **gazpacho** buenísimo.
- ● ¿Tiene carne el gazpacho? Es que soy vegetariana.
- ■ No, no. El gazpacho no lleva **carne**, solo verdura.
- ● Entonces tomo gazpacho.
- ▲ Yo tomo una **ensalada** de atún.
- ■ ¿Y para beber?
- ▲ Una **botella** de agua mineral, por favor.
- ■ Enseguida.

Übungen A

2. 1. – b., 2. – a., 3. – a.

3. 1. – a., 2. – b., 3. – b.

Hörtext:

- ● Buenas tardes, ¿tienen mesa para una persona?
- ■ Sí, ¿está bien aquí?
- ● Sí, gracias.
- ■ Aquí tiene la carta.
- ● Gracias ... Quiero tomar algo típico. ¿Qué me recomienda?
- ■ De entrante tenemos un salmorejo buenísimo.
- ● ¿Tiene carne? Es que soy vegetariana.
- ■ Sí, lleva jamón.
- ● Entonces tomo una ensalada.
- ■ ¿Y para beber?
- ● Una copa de vino.
- ■ ¿Blanco?
- ● No, tinto, por favor.

4. 1. – d., 2. – f., 3. – e., 4. – c., 5. – a., 6. – b.

Dialog B

- ● Bitte schön.
- ■ Aber ... was ist (denn) das?
- ● Kalbsragout und Thunfischsalat.
- ■ Das habe ich (aber) nicht bestellt. Ich habe Gazpacho bestellt.
- ● Und der Salat?
- ■ Ja, der Salat ist O.K./in Ordnung.
- ● Einen Moment, bitte.

...

- ▲ Schmeckt dir der Gazpacho?
- ■ Ja, er schmeckt mir sehr.
- ▲ Möchtest du noch etwas haben/essen?
- ■ Ja. Wir können einen Nachtisch bestellen, oder?
- ▲ Hört sich gut an/Finde ich gut. Herr Ober! Was haben Sie als Nachtisch?
- ● Wir haben Früchte der Saison, Eis und Karamellpudding.
- ▲ Für mich einen Karamellpudding.
- ■ Für mich einen Espresso und die Rechnung, bitte.

Nur ein Gast nimmt ein Dessert (einen Karamell-pudding), der andere nur einen Kaffee.

Übungen B

2. 1. – b., 2. – b., 3. – a., 4. – b.

3. 1. ¿Tienen vino de la casa? – Sí, tenemos vino blanco y tinto. 2. ¿Tienen agua mineral? – Sí, tenemos agua con gas y sin gas. 3. ¿Tienen sal? – Sí, tenemos sal y pimienta. 4. ¿Tienen aceite? – Sí, tenemos aceite y vinagre. 5. ¿Tienen postre? – Sí, tenemos postre y café. 6. ¿Tienen flan? – Sí, tenemos flan, fruta y helados.

4. 1. ¿Y cómo está la carne? 2. Me gusta mucho. 3. Y el restaurante también me gusta mucho. 4. ¿Desea tomar postre? 5. No, gracias, solo tomo café. 6. ¡Camarero, la cuenta, por favor!

Lektion 8

E-Mails auf Spanisch!

1. – b., 2. – e., 3. – d., 4. – a., 5. – c.

Dialog A

- ● Hallo, guten Tag/Abend. Ich habe eine Frage. Gibt es im Zimmer WLAN?
- ■ Hallo. Ja, selbstverständlich. Und es ist kostenlos.
- ● Sehr gut. Können Sie mir bitte das Passwort geben?
- ■ Hier ist es. Sie haben Netz im ganzen Hotel.

...

- ● Das WLAN funktioniert nicht.
- ■ Normalerweise gibt es kein Problem. Sind Sie sicher, dass Sie das Passwort korrekt eingegeben haben? Vielleicht können Sie es noch einmal versuchen. Es ist wichtig, alles in Kleinbuchstaben zu schreiben.
- ● Ich habe es gemacht, wie Sie es sagen. Ab und zu funktioniert es, ab und zu nicht. Das Problem ist, dass die Verbindung sehr schwach ist.

- Oh, das tut mir leid, machen Sie sich keine Sorgen, dann werde ich Ihnen jemanden schicken, der den Hotspot überprüft. Mal sehen, ob es danach besser funktioniert, O.K.?
- Ja, perfekt. Vielen Dank.

Das WLAN funktioniert nicht richtig, manchmal funktioniert es, manchmal nicht.

Übungen A

2. 1. Hola, tengo una pregunta. ¿Hay wifi en la habitación? 2. Por supuesto, señor. 3. ¿Puede darme la contraseña? / ¿Cuánto cuesta? 4. No necesita una contraseña. / Nada, es gratuito. 5. ¿Cuánto cuesta? / ¿Puede darme la contraseña? 6. Nada, es gratuito. / No necesita una contraseña.

3. 1. ¿Hay wifi en la habitación? 2. ¿El wifi es gratuito? 3. ¿Puede darme la contraseña? 4. El wifi no funciona. 5. La conexión es muy débil.

4. 1. ¿Puedes darme la contraseña para el wifi? 2. ¿Puedo ayudarle? 3. Podemos intentarlo otra vez. 4. Hay wifi en mi casa, podéis usarlo. 5. ¿Pueden mandar a alquien para controlar el hotspot, por favor?

Dialog B

- Guten Tag/Abend. Ich möchte eine SIM-Karte kaufen.
- Mit Vertrag oder Prepaid?
- Nein, nein, Prepaid. Was kostet das?
- Hier haben wir eine mit einem guten Tarif. Sie kostet 500 Pesos.
- Und was kostet die Minute?
- Die Minute kostet 3 Pesos. Außerdem kostet der Verbindungsaufbau 6 Pesos.
- Und was kostet es, ins Ausland anzurufen?
- Es gibt eine Grundgebühr, sie kostet 15 Pesos die Minute. Die Karte hat ein Guthaben von 150 Pesos.
- Na ja, nicht schlecht.
- Außerdem, wenn Sie das Guthaben heute aufladen, bekommen Sie zusätzlich 300 Pesos.
- O.K., ich nehme sie.

Der Kunde möchte eine Prepaid-SIM-Karte.

Übungen B

2. 1. – d., 2. – f., 3. – a., 4. – b., 5. – c., 6. – e.

3. 1. – a., 2. – b., 3. – a., 4. – a.

Hörtext:

- Buenas tardes, ¿tienen tarjetas SIM?
- ¿De contrato o de prepago?
- De prepago, por favor.
- Sí, hay una que cuesta 500 (quinientos) pesos y viene con 100 (cien) pesos de saldo.
- ¿Y cuánto cuesta llamar por minuto?
- 5 (cinco) pesos el minuto.

4. 1. – d., 2. – b., 3. – e., 4. – c., 5. – a.

Lektion 9

Herzliche Urlaubsgrüße

1. Foto oben links – Gruß oben rechts, 2. Foto rechts – Gruß links, 3. Foto unten links – Gruß unten rechts

Dialog A

Führen Sie die Karte ein ...
Geben Sie Ihren PIN-Code ein und drücken Sie „Bestätigen".
Ungültige Karte. Führen Sie die Karte ein ...
K Wie bitte?
Führen Sie die Karte ein ...
K Aber die Karte ist ja schon drin!
Führen Sie die Karte ein ...
B Guten Tag/Morgen, bitte schön ...
K Der Geldautomat ist blockiert und gibt mir die Karte nicht zurück!
B Vielleicht haben Sie Ihren PIN-Code falsch eingegeben?
K Nein, nein, der Code ist richtig, ich bin mir sicher. Was muss ich tun, um meine Karte wiederzubekommen?
B Keine Sorge, Sie können sie morgen wieder haben.
K Wie bitte? Morgen?! Kann ich sie nicht sofort wieder haben? Ich habe kein Geld und außerdem muss ich das Hotel bezahlen.
B Ihre Bank muss uns eine E-Mail mit der Genehmigung schicken. (Es ist) aus Sicherheitsgründen. Es tut mir leid, aber das sind die Regeln ...
K Gut. Sagen Sie mir bitte die E-Mail-Adresse.

Übungen A

2. 1. Tengo que pagar el hotel. 2. ¿Usted puede mandar un correo electrónico? 3. El código está bien. 4. Estoy seguro. 5. ¡No se preocupe! 6. El cajero se ha bloqueado.

3. 1. bloqueado, 2. marcado, 3. introducido, 4. mandado, 5. preocupado, 6. perdido

4. 1. 20 más 14 son 34,
2. 34 menos 32 son 2,
3. 2 más 17 son 19,
4. 19 más 55 son 74,
5. 74 menos 42 son 32,
6. 32 menos 19 son 13,
7. 13 más 36 son 49,
8. 49 menos 10 son 39,
9. 39 menos 14 son 25,
10. 25 más 30 son 55,
11. 55 menos 9 son 46,
12. 46 más 26 son 72

Dialog B

- ● Morgen. Ich nehme diese Zeitung, diese Postkarten und drei Briefmarken nach Deutschland, bitte.
- ■ Das macht sechs Euro.
- ● Ach ja! Und ein Päckchen Pfefferminzkaugummis.
- ■ Es tut mir leid, aber ich habe keine mehr ...
- ● Schade ... Entschuldigen Sie, wo kann ich (denn) dieses Paket verschicken?
- ■ Auf der Post.

...

- ▲ Der Nächste, bitte!
- ● Guten Tag/Morgen. Ich möchte dieses Paket nach Deutschland schicken.
- ▲ Normal oder mit Luftpost?
- ● Normal, bitte. Gibt es einen Sondertarif für Bücher?
- ▲ Ja, es macht fünf Euro und zwanzig Cent.
- ● Bitte schön.
- ▲ Und das ist Ihre Quittung. Schönen Tag noch.

Der Kunde entscheidet sich für die normale Post.

Übungen B

2. 1. Hola, me llevo esta postal, por favor. 2. ¿Algo más? 3. Sí, necesito también un sello. 4. ¿El sello es para España? 5. No, es para Suiza. 6. Entonces son tres euros. 7. Aquí tiene, gracias.

3. 1. – a., 2. – a., 3. – b.

Hörtext:

- ● Hola. Quiero enviar un paquete a Suiza.
- ■ ¿Normal o por avión?
- ● Por avión es más caro, ¿verdad?
- ■ Sí, mucho más caro ...
- ● Entonces normal. Y además necesito tres sellos para postales a Alemania.
- ■ Aquí tiene.

4. 1. Querría mandar este paquete a Alemania.
2. Querría mandar esta postal a Austria.
3. Querría mandar esta carta a Suiza.
4. Querría mandar estos paquetes a Francia.
5. Querría mandar estas postales a Italia.
6. Querría mandar estas cartas a España.

Lektion 10

Das liebe Wetter!

1. Foto unten rechts, 2. Foto oben rechts, 3. Foto unten links, 4. Foto oben links, 5. Foto unten Mitte

Dialog A

- ● Guten Tag/Morgen, eine Fahrkarte, bitte.
- ■ Das macht zwei Euro.
- ● Entschuldigen Sie, was kostet eine Wochenkarte?
- ■ Die Wochenkarte kostet 20 Euro, aber Sie können sie nicht hier im Bus kaufen, Sie müssen sie an einem Kiosk kaufen.
- ● O.K., jetzt brauche ich nur eine einfache Fahrkarte. Ich möchte zum Flughafen.
- ■ Also, es tut mir sehr leid, aber dieser Bus fährt nicht zum Flughafen. Dieser ist Nummer 12 und der, der zum Flughafen fährt, ist Nummer 21.
- ● Und wie komme ich jetzt zum Flughafen? Ich werde den Flug verpassen!
- ■ Sie müssen an der nächsten Haltestelle aussteigen und die U-Bahn Richtung Plaza de España nehmen. Von dort aus fährt die Linie 21 zum Flughafen ...
- ● Danke, das ist sehr nett von Ihnen.

Zum Flughafen fährt die Buslinie 21.

Übungen A

2. 1. ¿Qué hago para ir al aeropuerto? 2. ¿Qué hago para ir al puerto? 3. ¿Qué hago para ir a la estación? 4. ¿Qué hago para ir a la plaza de toros? 5. ¿Qué hago para ir al zoológico? 6. ¿Qué hago para ir al mar? 7. ¿Qué hago para ir al mercado? 8. ¿Qué hago para ir al parque municipal?

3. 1. Está bien, le voy a avisar. 2. Usted va a coger el número tres. 3. Tú vas a comprar el billete en el autobús. 4. Usted solo va a necesitar un billete sencillo. 5. Dígame por favor, ¿cuándo vamos a llegar?

4. 1. ¿Cuánto cuesta un bono mensual? 2. Necesito un billete sencillo, por favor. 3. Vaya hasta la estación Plaza del Triunfo. 4. Hoy hay huelga, tienes que coger un taxi. 5. Voy al centro, ¿cuántas paradas son? 6. Disculpe, ¿qué línea hay que coger?

5. Metroplan

Dialog B

- ● Morgen, ich möchte ein Fahrrad mieten.
- ■ Möchtest du es für heute?
- ● Ja.
- ■ Hmm ... du musst ein bisschen warten. Wir haben nur noch eins übrig und es hat einen Platten; es muss repariert werden.
- ● Oh Gott! Muss ich lange warten?
- ■ Nein, nein. Ungefähr 5 Minuten.
- ● Na ja, kein Problem.
- ■ Wow, wie kalt es heute ist, oder?
- ● Ja! Ist es immer so kalt hier?
- ■ Nein! Im April ist das Wetter immer sehr unbeständig. Manchmal regnet es, manchmal ist es heiß ...
- ● Es ist kälter als in meinem Land.
- ■ Wo kommst du denn her?
- ● Ich bin Deutscher, aus Hamburg.

...

- ■ Ah, schau mal! Das Fahrrad ist schon fertig!

- ● Buenas, quisiera alquilar una bicicleta.
- ■ ¿La quieres para hoy?
- ● Sí.
- ■ Mmm ... tienes que esperar un poco. Solo nos queda una y está pinchada; hay que repararla.
- ● ¡Ay Dios! ¿Tengo que esperar mucho?
- ■ No, no. Unos cinco minutos.
- ● Bueno, no hay problema.
- ■ Vaya, **qué frío hace** hoy, ¿no?
- ● ¡Sí! ¿Siempre hace tanto frío aquí?
- ■ ¡No! Es que en abril el tiempo siempre es bastante **inestable**. Unos días **llueve**, otros días **hace calor** ...
- ● Hace más frío que en mi país.
- ■ ¿De dónde eres?
- ● Soy alemán, de Hamburgo.

...

- ■ ¡Ah, mira! ¡Ya está lista la bicicleta!

Übungen B

2. 1. – b., 2. – f., 3. – e., 4. – c., 5. – a., 6. – d.

3. 1. – b., 2. – b., 3. – b.

Hörtext:

- ● Buenas, quisiera alquilar dos bicicletas.
- ■ Tiene que esperar un poco. Solo nos quedan dos y una está pinchada; hay que repararla.
- ● ¿Tengo que esperar mucho?
- ■ Unos 15 minutos.
- ● Bueno, hoy hace calor, espero en la calle.
- ■ Muy bien.

4. 1. Hoy hace calor. 2. Hace frío y nieva. 3. Hace buen tiempo y hace sol. 4. Hace mal tiempo y hace/hay niebla. 5. Está nublado y hace viento. 6. Creo que va a mejorar.

Lektion 11

Bringen Sie Farbe in Ihr Spanisch!

1. weiß, 2. gelb, 3. blau, 4. schwarz, 5. grün, 6. rot

Dialog A

- ■ Wer ist dran?
- ● Ich. Ein Kilo Tomaten, bitte.

- ■ Darf's sonst noch etwas sein?
- ● Und noch ein Pfund Paprika.
- ■ Für Salat oder zum Braten?
- ● Zum Braten, von den roten.
- ■ Sonst noch etwas?
- ● Was kosten die Gurken?
- ■ 30 Cent.
- ● O.K., dann zwei Gurken und noch ein Dutzend Eier.
- ■ Heute habe ich keine Eier, aber morgen schon.
- ● Na ja. Dann ist das alles. Was macht es?
- ■ Fünf Euro.
- ● Bitte schön. Tschüss.
- ■ Auf Wiedersehen.

- ■ ¿A quién le toca?
- ● A mí. Un kilo de tomates, por favor.
- ■ ¿Otra cosita?
- ● También medio kilo de pimientos.
- ■ ¿Para ensalada o para asar?
- ● Para asar, de los rojos.
- ■ ¿Algo más?
- ● ¿A cuánto están los pepinos?
- ■ A 30 céntimos.
- ● Vale, entonces dos pepinos y una docena de huevos también.
- ■ Huevos no tengo hoy, pero mañana sí.
- ● Vaya, hombre. Entonces ya está. ¿Cuánto es?
- ■ Cinco euros.
- ● Aquí tiene. Hasta luego.
- ■ Adiós.

Übungen A

2. 1. – b., 2. – b., 3. – a.

3. 1. Me pone un kilo de manzanas, por favor.
2. Me pone medio kilo de melocotones, por favor.
3. Me pone dos kilos de naranjas, por favor.
4. Me pone una docena de huevos, por favor.
5. Me pone media docena de patatas, por favor.
6. Me pone cien gramos de queso, por favor.

4. 1. Necesito una barra de pan, por favor.
2. Necesito un paquete de pasta, por favor.
3. Necesito una lata de atún, por favor.
4. Necesito una botella de vino, por favor.
5. Necesito una tarrina de yogur, por favor.
6. Necesito un tarro de mermelada, por favor.

Dialog B

- ● Guten Tag/Morgen, kann ich Ihnen helfen?
- ■ Ja, ich würde gern das Kleid im Schaufenster ansehen.
- ● Das gemusterte?
- ■ Nein, nein, dieses grüne da.
- ● Welche Größe haben Sie?
- ■ Größe 38.
- ● Bitte schön. Sie können in die Umkleidekabine rübergehen.

...

- ● Wie steht es Ihnen?
- ■ Ich weiß nicht, ich mag es nicht allzu sehr. Ich glaube, es ist etwas zu eng.
- ● Eng? Überhaupt nicht! Es steht Ihnen perfekt! Sie haben eine sehr gute Figur.
- ■ Meinen Sie, ja? ...
- ● Selbstverständlich! Und wenn Sie zu dem Kleid diese Stöckelschuhe tragen, wäre es ideal.
- ■ Mal sehen ... Ja, Sie haben recht.
- ● Um das Outfit zu vervollständigen, können Sie auch diese Tasche und dieses Halstuch nehmen ...

Die Kundin möchte das grüne Kleid aus dem Schaufenster anprobieren.

Übungen B

2. 1. ¿Cuánto cuesta esta chaqueta? 2. ¿Cómo le queda este vestido? 3. Estos zapatos no me gustan mucho. 4. ¡Qué bonitas son estas medias! 5. ¿Tienen esta camisa también en rojo? 6. Estos vaqueros me quedan muy estrechos.

3. 1. – b., 2. – b., 3. – a.

Hörtext:

- ● Buenos días, ¿le puedo ayudar?
- ■ Sí, quisiera ver la chaqueta azul del escaparate.
- ● Aquí tiene. Puede pasar al probador.

...

- ● ¿Cómo le queda?
- ■ Me gusta mucho. Pero creo que me queda un poco estrecha.
- ● Entonces voy a buscarle una talla más grande ...

4. 1. – a., 2. – b., 3. – a.

Lektion 12

Wo drückt's denn?

1. – g., 2. – e., 3. – c., 4. – a., 5. – f., 6. – b., 7. – d., 8. – h.

Dialog A

- ● Morgen, bitte schön.
- ■ Ich hätte gern Aspirin® und etwas gegen Schwindel und Übelkeit.
- ● Was haben Sie denn genau? Vielleicht kann ich Ihnen (ja) helfen.
- ■ Mir ist schwindelig, ich habe Kopfschmerzen und mir ist furchtbar übel.
- ● Haben Sie heute etwas Ungewöhnliches gegessen?
- ■ Nein, nein, einen Gazpacho und ein Bier. Danach machte ich ein Nickerchen in der Sonne.
- ● Ach so! Ich glaube, Sie haben einen Sonnenstich. Sie müssen sehr viel Wasser trinken und die Sonne meiden. Ich gebe Ihnen trotzdem dieses Medikament.
- ■ Wofür ist es?
- ● Für die Kopfschmerzen und die Übelkeit.

Der Apotheker meint, es sei ein Sonnenstich.

Übungen A

2. 1. Buenas tardes, quisiera una aspirina®. 2. Aquí tiene, ¿pero qué le pasa exactamente? 3. Tengo dolor de muelas. 4. Y pienso que tengo también fiebre. 5. De todas formas le doy este medicamento. 6. Debe tomarlo tres veces al día.

3. 1. ¡Ay qué dolor! – Ah, le duele la cabeza, ¿verdad?
2. ¡Ay qué dolor! – Ah, le duele el brazo, ¿verdad?
3. ¡Ay qué dolor! – Ah, le duele la espalda, ¿verdad?
4. ¡Ay qué dolor! – Ah, le duele la rodilla, ¿verdad?
5. ¡Ay qué dolor! – Ah, le duele el pie, ¿verdad?
6. ¡Ay qué dolor! – Ah, le duele el pecho, ¿verdad?

4. 1. Me duele la cabeza. 2. ¿Qué le pasa exactamente? 3. Tiene que beber mucha agua. 4. ¿Ha comido algo raro? 5. Tiene una insolación. 6. He dormido la siesta al sol.

Dialog B

- ■ Guten Tag/Morgen. Ich habe einen Termin um 12:30 Uhr ...
- ▲ Guten Tag/Morgen. Sagen Sie mir bitte Ihren Namen?
- ■ Müller. Ich bin kein Spanier, aber ich habe die Europäische Krankenversicherungskarte.
- ▲ Danke. Der Doktor wird Sie gleich behandeln.

...

- ■ Guten Tag/Morgen, Herr Doktor.
- ● Setzen Sie sich und sagen Sie mir, was Sie haben.
- ■ Heute Morgen habe ich mir den Knöchel verstaucht und er ist ziemlich geschwollen. Ich kann fast nicht laufen und er tut mir sehr weh.
- ● Mal sehen ... tut es Ihnen hier weh?
- ■ Ja, sehr sogar! Glauben Sie, er ist gebrochen?
- ● Ich glaube nicht, aber wir werden ein Röntgenbild machen, um sicher zu sein. Er ist wahrscheinlich nur verstaucht.
- ■ Das will ich hoffen, morgen mache ich mit ein paar Freunden einen Ausflug an den Strand.
- ● Es ist nichts Ernstes, aber ich denke nicht, dass es eine gute Idee ist, morgen einen Ausflug zu machen, wenn Sie nicht laufen können ...

Der Patientin tut der Knöchel weh.

Übungen B

2. 1. (él) ha venido 2. (tú) has hecho
3. (yo) he roto 4. (vosotros/-as) habéis ido
5. (nosotros/-as) hemos comido
6. (ellos) han visto

3. 1. – a., 2. – b., 3. – a., 4. – a.

Hörtext:

- ● Buenas, dígame.
- ■ Quisiera aspirinas®, por favor.
- ● ¿Qué le pasa exactamente? A lo mejor le puedo ayudar.
- ■ Me duele la cabeza y tengo fiebre.
- ● ¿Ha comido algo raro hoy?
- ■ No, no, un plato de paella y una cerveza.
- ● Parece cansado, debe descansar y beber mucha agua. Aquí tiene sus aspirinas® para el dolor de cabeza.
- ■ Gracias.

4. 1. – b., 2. – d., 3. – e., 4. – f., 5. – c., 6. – a.

Test 2

1. 1. – c., 2. – b., 3. – b., 4. – b., 5. – c., 6. – c.

2. 1. – e., 2. – f., 3. – h., 4. – a., 5. – b., 6. – g., 7. – d., 8. – c.

3. Mögliche Dialoge:

1. Sie und ein Bekannter sind in einem Restaurant und haben Hunger.
- ● Aquí tienen la carta. ¿Quieren pedir?
- ■ Sí, querríamos pedir un entrante/un primero. ¿Tiene carne la ensalada/la tortilla/el gazpacho?
- ● No, no tiene carne./Sí, tiene carne. ¿Y qué más? ¿También quieren un segundo?
- ■ No, solo algo de beber. ¿Qué vino nos recomienda? ...

2. Sie sind in einem Handyladen und wollen eine SIM-Karte kaufen.
- ● Buenas tardes. Quisiera comprar una tarjeta SIM de prepago.
- ■ Aquí tenemos una muy buena/no tan cara, solo cuesta trescientos/quinientos pesos.
- ● ¿Y cuánto cuestan las llamadas internacionales/nacionales y los mensajes?
- ■ Cuestan tres/cinco pesos y un sms cuesta dos/cuatro pesos.

3. Sie sind auf der Bank wegen eines Problems mit Ihrer Kreditkarte.
- ● Buenos días, dígame.
- ■ Soy turista alemán/austriaco/suizo y tengo un problema con mi tarjeta. Es que el cajero se ha bloqueado y no me devuelve la tarjeta.
- ● Pues, su banco tiene que mandarnos un correo electrónico.
- ■ Está bien, pero ¿qué tengo que hacer para recuperar mi tarjeta? Necesito dinero para pagar el hotel/el coche.

4. Sie erkundigen sich nach der besten Verbindung, z. B. zum Flughafen.
- ● Disculpe, ¿qué hago para ir de aquí al aeropuerto?
- ■ Tiene que coger el autobús/la línea tres, son cuatro/seis/siete paradas. Baje en La Catedral/Plaza de España.
- ● ¿Y de allí sigo en metro/tranvía? ¿Qué línea tengo que coger?
- ■ La ocho/nueve/once hasta la última parada, de allí está muy cerca.

5. Sie kaufen als Selbstversorger Obst und Gemüse auf einem Markt ein.
- ● Buenos días/Buenas tardes, señores. ¿A quién le toca?
- ■ A mí. Un kilo de tomates/manzanas/naranjas, por favor, y también una lechuga/una sandía.
- ● ¿Está bien así? Aquí tiene. ¿Algo más?
- ■ Sí, vale así, ya está. ¿Cuánto es?

6. Sie haben Beschwerden und suchen die nächste Apotheke auf.
- ● ¿Qué le pasa exactamente?
- ■ Tengo fiebre/diarrea/náuseas y me duele la cabeza/la barriga/el pecho.
- ● Yo creo que usted tiene un resfriado/una insolación/una alergia. Pero dígame, ¿usted ha comido algo raro hoy?
- ■ No, pero no he bebido mucha agua/he bebido mucha cerveza.

4. 1. ¿Me puede ayudar? 2. ¡Que aproveche! 3. Estoy seguro/-a. 4. Muy amable. 5. La cuenta, por favor. 6. Usted tiene razón. 7. ¿Usted cree? 8. ¿Está picante?

Alphabetischer Wortschatz Spanisch – Deutsch

Die Zahl verweist auf die Lektion, in der das Wort zum ersten Mal erscheint.
Das Geschlecht der Hauptwörter ist mit *m.* für männlich und *w.* für weiblich angegeben, *Ez.* bedeutet Einzahl und *Mz.* Mehrzahl. Die weibliche Endung der Eigenschaftswörter, Nationalitäts- und Berufsbezeichnungen ist jeweils nach dem Schrägstrich angegeben. Wo diese Angabe fehlt, ist die weibliche Form mit der männlichen identisch.

A

a zu, nach, in 1
a la brasa gegrillt (*auf Holzkohle*) 7
a la plancha gegrillt (*allgemein*) 7
a lo mejor vielleicht 8
a pie zu Fuß 3
¿A qué hora? Um wie viel Uhr? 3
¿A quién le toca? Wer ist an der Reihe? 11
a veces manchmal 8
a ver mal sehen 4
abierto/-a *m./w.* geöffnet 3
abogado/-a *m./w.* Anwalt/Anwältin 2
abrazo *m.* Umarmung 9
abril *m.* April 4
abrir öffnen, aufmachen 5
abuela *w.* Großmutter, Oma 2
abuelo *m.* Großvater, Opa 2
acampar campen 5
aceite *m.* Öl 7
aceituna *w.* Olive 7
aconsejar empfehlen 7
activar aktivieren 8
acuerdo *m.* Einverständnis, Übereinkommen 5
acuse de recibo *m.* Empfangsbestätigung 9
además außerdem 5
adiós auf Wiedersehen 1
¿Adónde? Wohin? 3
aeropuerto *m.* Flughafen 10
agosto *m.* August 4
agradecer danken 4
agricultura *w.* Landwirtschaft 11
agua (el ~) *w.* Wasser 5
agua con gas (el ~) *w.* Sprudelwasser 7
agua mineral (el ~) *w.* Mineralwasser 7
agua sin gas (el ~) *w.* stilles Wasser 7
ahí da 3
ahora jetzt 2
aire *m.* Luft, Wind 5
aire acondicionado *m.* Klimaanlage 5
al (a + el) zum, am 3
al contado in bar 5
al fondo hinten 7
al lado (de) neben 6
albergue juvenil *m.* Jugendherberge 4
albóndigas *w./Mz.* Fleischbällchen in Sauce 7
alemán/alemana *m./w.* deutsch, Deutsche/r 2
Alemania *w.* Deutschland 2
alergia *w.* Allergie 12
alérgico/-a *m./w.* allergisch 7
alfombra *w.* Teppich 5
algo etwas 6
alguien jemand 5
algún, alguno/-a *m./w.* irgendein/e 6
alimentación *w.* Lebensmittel, Ernährung 11
allí dort 3
almohada *w.* Kissen 5
alquilar mieten 4
alternativa *w.* Alternative 4
alto/-a *m./w.* hoch, laut 4
ama de casa (el ~) *w.* Hausfrau 2
amable *m./w.* freundlich, nett 10
amarillo/-a *m./w.* gelb 11
americano/-a *m./w.* amerikanisch, Amerikaner/in 6
amiga *w.* Freundin 1
amigo *m.* Freund 1
analgésico *m.* Schmerzmittel 12
ancho/-a *m./w.* weit (*Kleidung*), breit 11
anchoa *w.* Anchovis 7
andando (zu Fuß) gehend 6
andar (zu Fuß) gehen 6
andén *m.* Bahnsteig 3
anoche gestern Abend/Nacht 5
antes vorher, früher 10
antes (de) vor (*zeitlich*) 12
año m. Jahr 2
aparcamiento *m.* Parkplatz 4
apartamento *m.* Wohnung 4
apellido *m.* Nachname 5
aperitivo *m.* Aperitif 6
aquí hier 1
armario *m.* Schrank 5
arquitecto/-a *m./w.* Architekt/in 2
arroba *w.* at (@) 4
arte (artes) *(m. oder w./Mz.)* Kunst 10
asado/-a *m./w.* gebraten 7
asar braten 11
ascensor *m.* Lift 5
así so 5
aspirina® *w.* Aspirin® 12
atascado/-a *m./w.* verstopft 5
atención al cliente *w.* Kundendienst 8
atender betreuen, *hier:* empfangen 12
atentamente mit freundlichen Grüßen (*Brief*) 4
atún *m.* Thunfisch 7
aún noch 10

Austria *w.* Österreich 2
austriaco/-a *m./w.* österreichisch, Österreicher/in 2
autobús *m.* Bus 3
autocaravana *w.* Wohnmobil 5
autor *m.* Autor 11
autorización *w.* Bevollmächtigung, Genehmigung 9
avenida *w.* Allee 10
avión *m.* Flugzeug 9
avisar Bescheid geben 10
avispa *w.* Wespe 12
ayudar helfen 4
ayuntamiento *m.* Rathaus 10
azul *m./w.* blau 4

B

bailar tanzen 6
bajarse aussteigen 3
¡Bájese! Steigen Sie aus! 10
balcón *m.* Balkon 4
banco *m.* Bank 2
bandera *w.* Fahne 4
baño *m.* Bad, Toilette 4, 7
bar *m.* Bar, Kneipe 6
barra *w.* Schrägstrich (/), Stange (*Brot*) 8, 11
barriga *w.* Bauch 12
barrio *m.* Stadtviertel 10
bastante ausreichend, ziemlich 10
batería *w.* Batterie, Akku 8
beber trinken 7
bellísimo/-a *m./w.* sehr schön, wunderschön 7
bello/-a *m./w.* schön 10
beso *m.* Kuss 1
bici(cleta) *w.* Fahrrad 10
bien gut (*Adverb*) 1
bienvenido/-a *m./w.* willkommen 1
billete *m.* Fahrkarte, Ticket 3
billete sencillo *m.* einfache Fahrkarte 10
blanco/-a *m./w.* weiß 6
blando/-a *m./w.* weich 12
bloquear blockieren 9
bocadillo *m.* belegtes Brötchen 6
bolsa *w.* Beutel, Tüte, Börse 10
bolso *m.* Tasche 11
bonito/-a *m./w.* hübsch 2
bono *m.* Zehnerkarte, Gutschein, Abonnement 3, 10
boquerones *m./Mz.* Sardinen 7
bote *m.* Glas (*z. B. für Marmelade*) 11
botella *w.* Flasche 7
brazo *m.* Arm 12
breve *m./w.* kurz 4
buen día einen schönen Tag 1
buen viaje gute Reise 1
buen, bueno/-a *m./w.* gut 1
buenas grüß dich/euch 1
buenas noches guten Abend, gute Nacht 1
buenas tardes guten Tag, guten Abend 1
buenísimo/-a *m./w.* sehr gut 7
buenos días guten Morgen, guten Tag 1
buscar suchen 3

C

cabeza *w.* Kopf 12
cabina *w.* Kabine 8
caer fallen 12
café (solo) *m.* Espresso 6
café americano *m.* Filterkaffee 6
café con leche *m.* Milchkaffee 6
café crema *m.* Espresso mit Sahne 6
café descafeinado *m.* entkoffeinierter Kaffee 6
caído gefallen 12
caja *w.* Kiste, Schachtel, Karton 9
cajero (automático) *m.* Geldautomat 9
caldereta *w.* Art Ragout 7
calefacción *w.* Heizung 5
caliente *m./w.* heiß, warm 5
calle *w.* Straße 5
calor *m.* Hitze 10
calzar anziehen (*Schuhe*) 11
cama *w.* Bett 4
cama supletoria *w.* Zusatzbett 4
camarero *m.* Kellner, Ober 7
cambiar ändern, (aus)wechseln, tauschen, umsteigen 3
cambiar de tren umsteigen (*Zug*) 3
cambio *m.* Tausch, Wechsel 10
cambio de marchas *m.* Gangschaltung 10
caminar gehen, wandern 6
camino *m.* Weg 3
camino de Santiago *m.* Jakobsweg 3
camisa *w.* Hemd 11
camiseta *w.* T-Shirt 11
camping *m.* Camping(platz) 4
cancelar abbrechen 9
cansado/-a *m./w.* müde 1
caña *w.* Glas Bier vom Fass 6
capuchino *m.* Cappuccino 6
caracola *w.* Teigschnecke 6
carajillo *m.* Espresso mit einem Schuss Alkohol 6
caramelo *m.* Bonbon 9
cargador *m.* Ladegerät 8
carísimo/-a *m./w.* sehr teuer 7
carne *w.* Fleisch 7
carné de conducir *m.* Führerschein 5
carné de identidad *m.* Personalausweis 5
carnicería *w.* Metzgerei 11
carnicero/-a *m./w.* Metzger/in 11
caro/-a *m./w.* teuer 4
carretera *w.* Landstraße 11
carril bici *m.* Radweg 10
carta *w.* Speisekarte, Brief 7, 9
casa *w.* Haus 4
casado/-a *m./w.* verheiratet 2
casi fast 12
catalán/catalana *m./w.* katalanisch, Katalane/Katalanin 7
catedral *w.* Kathedrale 6
catorce vierzehn 4
céntimo *m.* Cent 8
central *m./w.* zentral 10
centro *m.* Zentrum, Innenstadt 4
centro comercial *m.* Einkaufszentrum 4
cerca (de) in der Nähe (von) 3
cerrado/-a *m./w.* geschlossen 3
cerrar schließen 5
certificado/-a *m./w.* eingeschrieben 9
cerveza *w.* Bier 6

chalé *m.* Landhaus 4

champiñón *m.* Champignon 7

chaqueta *w.* Jacke, Sakko 11

charcutería *w.* Wurstgeschäft 11

charcutero/a *m./w.* Wurstmetzger/in 11

chato *m.* flaches Glas 6

chicle *m.* Kaugummi 9

chorizo *m.* scharfe Paprikawurst 6

chuletón *m.* T-Bone-Steak 7

cibercafé *m.* Internetcafé 8

cien (ein)hundert 4

ciento cincuenta hundertfünfzig 8

cigarrillo *m.* Zigarette 9

cinco fünf 8

cincuenta fünfzig 4

cine *m.* Kino 6

cisterna *w.* Wasserspülung 5

cita *w.* Verabredung, Termin 12

ciudad *w.* Stadt 2

claro/-a *m./w.* klar, natürlich 2

clásico/-a *m./w.* klassisch 6

cliente/-a *m./w.* Kunde/Kundin 8

cobertor *m.* Decke 5

cobrar kassieren 7

coche *m.* Auto 5

cocina *w.* Küche 7

cóctel *m.* Cocktail 7

código *m.* Code, *hier:* Geheimzahl 8

código IBAN *m.* IBAN-Code 9

código PIN *m.* PIN-Code 8

código secreto *m.* Geheimcode, -zahl 9

coger nehmen 3

colega *m./w.* Kollege/Kollegin 1

color *m.* Farbe 11

comer essen 12

comerciante *m./w.* Händler/in 2

¿Cómo? Wie? 1

¿Cómo está usted? Wie geht es Ihnen? 1

¿Cómo está? Wie geht's? 1

¿Cómo estás? Wie geht's dir? 1

¿Cómo le queda? Wie steht er/sie/es Ihnen? 11

¿Cómo se llama usted? Wie heißen Sie? 2

¿Cómo te llamas? Wie heißt du? 2

compañera *w.* Lebensgefährtin, Lebenspartnerin 1

compañero *m.* Lebensgefährte, Lebenspartner 1

compañía *w.* Firma 8

compañía de seguros *w.* Versicherung(-sgesellschaft) 2

completar vervollständigen 11

completo/-a *m./w.* ausgebucht, belegt 5

compra *w.* Einkauf, Kauf 11

comprar kaufen 3

comprobante *m.* Voucher 5

comunicación *w.* Kommunikation 9

con mit 4

concierto *m.* Konzert 6

conductor/a *m./w.* Fahrer/in 2

conexión *w.* Verbindung 8

confirmación *w.* Bestätigung 4

confirmar bestätigen 9

conjunto *m.* Ensemble (*Mode*) 11

conocerse sich kennenlernen 2

contacto *m.* Kontakt 1

contar erzählen 12

contra gegen 12

contraseña *w.* Passwort 8

contrato *m.* Vertrag 8

controlar kontrollieren, überprüfen 8

copa *w.* Weinglas 6

corbata *w.* Krawatte 11

cordero *m.* Lamm(-fleisch) 7

cordialmente herzlich (*Adverb*) 9

correctamente korrekt (*Adverb*) 8

corregir korrigieren 9

correo *m.* Post 4

correo electrónico *m.* E-Mail 4

Correos *m./Mz.* Post 9

cortado (café ~) *m.* Espresso mit Milch 6

cortar schneiden 12

corto/-a *m./w.* kurz 11

cosa *w.* Sache 11

cosita *w.* kleine Sache 11

costar kosten 4

creer glauben 10

crema *w.* Creme, Sahne 6

crema catalana *w.* Dessertcreme aus Eigelb, die mit einer festen Karamellschicht überzogen ist 7

cruasán *m.* Hörnchen, Croissant 6

cruz *w.* Kreuz 10

cruzar kreuzen, überqueren 3

¿Cuál? Welche/r? 2

¿Cuándo? Wann? 3

¿Cuántos/-as? *m./w./Mz.* Wie viele? 2

cuarenta vierzig 4

cuarto *m.* Viertelstunde, Zimmer 3, 4

cuchara *w.* Löffel 7

cuchillo *m.* Messer 7

cuenta *w.* Rechnung, Konto 5, 9

¡Cuénteme! Erzählen Sie mir! 12

D

dar geben 1

dar la mano sich die Hände schütteln 1

dar la vuelta umkehren 6

de von, aus 1

de acuerdo einverstanden 5

de nada bitte sehr, keine Ursache 2

¿De qué color? In welcher Farbe? 11

deber müssen, sollen 3

débil *m./w.* schwach 8

débito *m.* Schuld, Soll 9

decir sagen 5

del (de + el) vom 3

delante (de) vor (*räumlich*) 6

deletrear buchstabieren 4

demasiado zu (sehr) 7

dentista *m./w.* Zahnarzt/Zahnärztin 12

dentro drinnen 9

depender abhängen 6

dependiente/-a *m./w.* Verkäufer/in 2

derecha (a la ~) rechts (nach rechts) 6

desagüe *m.* Abfluss 5

desayuno *m.* Frühstück 5
descansar sich ausruhen 12
desde aus, von, seit 9
desear wünschen 5
despacio langsam *(Adverb)* 4
después (~ de) danach (nach *zeitlich*) 8
devolver zurückgeben, zurückbringen 9
día *m.* Tag 1
diabético/-a *m./w.* Diabetiker/in 12
diarrea *w.* Durchfall 12
diccionario *m.* Wörterbuch 11
diciembre *m.* Dezember 4
diecinueve neunzehn 4
dieciocho achtzehn 4
dieciséis sechzehn 4
diecisiete siebzehn 4
diente *m.* Zahn 7
diéresis *w.* Umlaut-Punkte 4
dieta *w.* Diät 12
diez zehn 3
¿Diga? / ¿Dígame? Hallo? (*am Telefon*) 4
Dígame ... Bitte? / Was kann ich für Sie tun? 9
dinero *m.* Geld 9
Dios *m.* Gott 5
¡Dios mío! Mein Gott! 5
dirección *w.* Adresse, Richtung 4, 10
dirección de correo electrónico *w.* E-Mail-Adresse 9
discoteca *w.* Diskothek 6
¡Disculpe! Entschuldigung! 2
discutir diskutieren, streiten 6
distensión *w.* Zerrung 12
divorciado/-a *m./w.* geschieden 2
DNI *m.* Personalausweis 5
doce zwölf 3
docena *w.* Dutzend 11
doctor (Dr.) *m.* Doktor (Dr.) 1
doctora (Dra.) *w.* Doktor (Dr.) 1
documento *m.* Dokument 5
dolor *m.* Schmerz 12
domicilio *m.* Wohnort 5
domingo *m.* Sonntag 5
¿Dónde? Wo? 2
dorada *w.* Goldbrasse 7
dormir schlafen 12
dos zwei 3
doscientos/-as *m./w./Mz.* zweihundert 8
ducha *w.* Dusche 5
duele/n (er/sie/es) tut/tun weh 12

E

edad *w.* Alter 2
el der (*Artikel*) 1
él er (*Subjektpronomen*) 1
electrónico/-a *m./w.* elektronisch 4
ella sie *(Subjektpronomen)* 1
empanada gallega *w.* Pastete (*meist mit Thunfisch gefüllt*) 7
emperador *m.* Kaiser, Imperator 4
empezar anfangen, beginnen 1
empresario/-a *m./w.* Unternehmer/in 2
en in 2
en total (alles) zusammen 9
encantado/-a *m./w.* sehr erfreut, angenehm 1
enchufe *m.* Steckdose 5
encima darauf, oben 4
enero *m.* Januar 4
enfermero/-a *m./w.* Krankenpfleger/-schwester 12
enfermo/-a *m./w.* krank 1
enfrente gegenüber 3
ensalada *w.* Salat 6
ensaladilla *w.* Salat aus Kartoffeln, Gemüse, Mayonnaise und Thunfisch 7
enseguida sofort 7
entender verstehen 4
entonces damals, dann, also 4
entrada *w.* Eingang, Anreise 5
entrante *m.* Vorspeise 7
enviar schicken 4
equipo *m.* Mannschaft, Team 10
escaparate *m.* Schaufenster 11
escribir schreiben 4
escúter *m.* Motorroller 10
ese/esa/esos/esas diese/r (da) 11
esguince *m.* Verstauchung 12
eso dieses (da) 7
espalda *w.* Rücken 12
España *w.* Spanien 1
español/a *m./w.* spanisch, Spanier/in 1
espárrago *m.* Spargel 7
especial *m./w.* spezielle/r, besondere/r 9
especialidad *w.* Spezialität 7
espectacular *m./w.* spektakulär, wunderbar 9
esperar warten, hoffen 10, 12
esposa *w.* Ehefrau 1
establecimiento *m.* *hier:* Aufbau (*z. B. eines Telefongesprächs*) 8
estación *w.* Bahnhof, Haltestelle, Station 3
estación central *w.* Hauptbahnhof 3
estación del metro *w.* U-Bahn-Station 3
estación final *w.* Endhaltestelle 10
estampado/-a *m./w.* gemustert, bedruckt 11
estanco *m.* Kiosk (*v. a. für Tabak- und Rauchwaren*) 3
estanquero *m.* Tabakhändler 11
estar sein, sich befinden 1
estar en reposo sich ausruhen 12
este/esta/estos/estas diese/r (hier) 1, 3
estimado/-a *m./w.* sehr geehrte/r, liebe/r 4, 9
esto dieses (hier) 7
estrecho/-a *m./w.* eng 11
estrella w. Stern 4
estudiante *m./w.* Student/in 2
euro *m.* Euro 4
europeo/-a *m./w.* europäisch, Europäer/in 8
exactamente exakt, genau (*Adverb*) 3
excursión *w.* (ir de ~) Ausflug (einen Ausflug machen) 12
explicar erklären 6
extranjero *m.* Ausland 8

F

falda *w.* Rock 11
faltar fehlen 3

fantástico/-a *m./w.* fantastisch 6
farmaceútico/-a *m./w.* Apotheker/in 12
farmacia *w.* (~ de guardia) Apotheke (diensthabende Apotheke) 12
favorito/-a *m./w.* Lieblings- 10
febrero *m.* Februar 4
fecha *w.* Datum 5
feria *w.* Messe, Jahrmarkt 6
ferrocarril *m.* Eisenbahn 3
festival *m.* Festival 6
fiebre *w.* Fieber 12
fiesta *w.* Fest 6
figura *w.* Figur 11
fijo/-a *m./w.* fest, fix 8
fin *m.* Ende 10
fin de semana *m.* Wochenende 10
final *m./w.* End-, Schluss- 10
firmar unterschreiben 5
¡Firme! Unterschreiben Sie! 5
flamenco *m.* Flamenco 6
flan *m.* Karamellpudding 7
forma *w.* (de todas formas) Form (auf jeden Fall) 12
francés/francesa *m./w.* französisch, Franzose/Französin 2
Francia *w.* Frankreich 2
freno *m.* Bremse 10
frío/-a *m./w.* kalt, kühl 5
fruta *w.* Frucht 7
frutas *w./Mz.* Obst 7
frutería *w.* Obstgeschäft 11
frutero/-a *m./w.* Obsthändler/in 11
fular *m.* Halstuch 11
funcionar funktionieren 5
funcionario/-a *m./w.* Beamter/Beamtin 2
fútbol *m.* Fußball 10

G

gallego/-a *m./w.* galicisch, Galicier/in 7
garganta *w.* Hals *(innen)* 12
garrapata *w.* Zecke 12
gas *m.* Gas, *hier:* Kohlensäure 7
gazpacho *m.* Gazpacho (*kalte Gemüsesuppe*) 7
girar abbiegen 6
gracias danke 1
gramo *m.* Gramm 11
grande *m./w.* groß 5
gratuito/-a *m./w.* kostenlos, gratis 8
grave *m./w.* ernst, ernsthaft 12
Grecia *w.* Griechenland 2
gris *m./w.* grau 11
guantes *m./Mz.* Handschuhe 11
guía turística *w.* Reiseführer 11
guión *m.* Bindestrich (-) 8
guión bajo *m.* Unterstrich (_) 8
gustar gefallen, schmecken 5
gusto *m.* Gefallen, Geschmack, Vergnügen 1

H

haber haben (*nur Hilfsverb*) 5
habitación *w.* Zimmer 4
habitación de matrimonio *w.* Zimmer mit Doppelbett 4
habitación doble *w.* Doppelzimmer 4
habitación individual *w.* Einzelzimmer 4
hablar sprechen 4
hace (~ muchos años) *hier:* vor (vor vielen Jahren) 10
hace buen tiempo das Wetter ist schön 10
hace calor es ist heiß 10
hace frío es ist kalt 10
hace mal tiempo das Wetter ist schlecht 10
hace niebla es ist neblig 10
hace sol es ist sonnig, es scheint die Sonne 10
hacer machen, tun 2
hacer transbordo umsteigen 10
hacer turismo als Tourist reisen 2
¡Haga! Machen Sie! 10
hasta bis 1
hasta la próxima bis zum nächsten Mal 1
hasta luego bis dann 1
hasta pronto bis bald 1
hay es gibt 3
hay que man muss 3
hay viento es ist windig 10
hecho/-a *m./w.* gemacht 8
helado *m.* Eis 6
hermana *w.* Schwester 1
hermano *m.* Bruder 1
higiénico/-a *m./w.* hygienisch, *hier:* Toiletten- 5
hija *w.* Tochter 2
hijo *m.* Sohn 2
hijos *m./Mz.* Söhne, Kinder 2
hinchado/-a *m./w.* geschwollen 12
hola hallo 1
Holanda *w.* Holland 2
hombre *m.* Mann 11
hora *w.* Stunde 3
horrible *m./w.* furchtbar, schrecklich 12
hospital *m.* Krankenhaus 12
hostal *m.* Hotel (*meist einfach, oft familiengeführt*) 4
hotel *m.* Hotel 4
hotel rural *m.* Landhotel 4
hotspot *m.* Hotspot (*WLAN*) 8
hoy heute 1
huelga *w.* Streik 10
hueso *m.* Knochen 12
huevo *m.* Ei 7

I

idea *w.* Idee 12
ideal *m./w.* ideal 11
identidad *w.* Identität 5
iglesia *w.* Kirche 6
importante *m./w.* wichtig 8
incluido/-a *m./w.* inbegriffen 5
inestable *m./w.* unbeständig, instabil 10
ingeniero/-a *m./w.* Ingenieur/in 2
Inglaterra *w.* England 2
inglés/inglesa *m./w.* englisch, Engländer/in 2
ingresar einweisen 12
inmediatamente sofort 9
insertar einführen, hineinstecken 9
¡Inserte! Führen Sie ein! 9
insolación *w.* Sonnenstich 12
intentar versuchen 8
interesante *m./w.* interessant 2
internacional *m./w.* international 8
Internet *m.* Internet 8

Internet café *m.* Internetcafé 8
introducir einführen, eingeben 8
¡Introduzca! Geben Sie ein! 9
invitar einladen 6
ir gehen, fahren 3
ir a gehen/fahren zu (+ *Verb* = *Zukunft*) 10
ir a pie zu Fuß gehen 3
ir de compras einkaufen 11
Italia *w.* Italien 2
italiano/-a *m./w.* italienisch, Italiener/in 2
izquierda (a la ~) links (nach links) 6

J

jamón *m.* Schinken 6
jazz *m.* Jazz 6
jersey *m.* Pullover 11
jueves *m.* Donnerstag 5
julio *m.* Juli 4
junio *m.* Juni 4
justo/-a *m./w.* genau, richtig 3

K

kilo *m.* Kilo 11

L

la *w./Ez.* die (*Artikel*), sie (*Akkusativpronomen*) 1
lado *m.* Seite 6
lamentablemente leider 4
lámpara *w.* Lampe 5
largo/-a *m./w.* lang 11
las *w./Mz.* die (*Artikel*), sie (*Akkusativpronomen*) 3
lata *w.* Dose 11
le *m./w./Ez.* Ihnen, ihm, ihr (*Dativpronomen*) 1
leche *w.* Milch 6
leche manchada *w.* Espresso mit viel Milch 6
lechuga *w.* Kopfsalat 11
lejos weit 3
lento/-a *m./w.* langsam 8
les *m./w./Mz.* Ihnen, ihnen (*Dativpronomen*) 4
letra *w.* Buchstabe 5
(letra) minúscula *w.* Kleinbuchstabe 8
(letra) mayúscula *w.* Großbuchstabe 5
libertad *w.* Freiheit 10
libre *m./w.* frei 2
libro *m.* Buch 9
libro de cocina *m.* Kochbuch 11
licenciado/-a (Lic.) *m./w.* Magister, Master 1
lila *m./w.* lila 11
línea *w.* Linie 10
listo/-a *m./w.* fertig 10
litro *m.* Liter 11
llamada *w.* Anruf, Telefongespräch 8
llamar nennen, (an)rufen 1
llamarse heißen 1
llave *w.* Schlüssel 5
llegar ankommen 3
llevar bringen, tragen 3
llevarse mitnehmen 11
llover regnen 10
lo *m./Ez.* das (*Artikel bei substantivierten Adjektiven*), ihn, es (*Akkusativpronomen*) 1
lo mejor das Beste 3
lo siento es tut mir leid 1
local *m.* Lokal 6
locutorio *m.* Geschäft, in dem man günstig telefonieren kann, meist kombiniert mit einem Internet-Bereich 8
lomo *m.* Lende 6
loncha *w.* Scheibe 11
los *m./Mz.* die (*Artikel*), sie (*Akkusativpronomen*) 3
luego dann, gleich, nachher 1
lunes *m.* Montag 5
luz *w.* Licht 5

M

madre *w.* Mutter 2
mal schlecht (*Adverb*) 1
malo/-a *m./w.* schlecht 10
mandar schicken 5
mano *w.* Hand 1
manta *w.* Decke 5
manzana *w.* Apfel 7
mañana *w.* morgen, Morgen 4
mapa *m.* Plan, Landkarte 9
mar (*m. oder w.*) Meer 5
marcar wählen 8
marcha *w.* Gang (*Auto, Fahrrad*) 10
mareado/-a *m./w.* schwindelig 12
mareo *m.* Schwindel, Übelkeit 12
marido *m.* Ehemann 1
mariscos *m./Mz.* Meeresfrüchte 7
marítimo/-a *m./w.* Meeres- 10
marrón *m./w.* braun 11
martes *m.* Dienstag 5
marzo *m.* März 4
más mehr 1
más o menos mehr oder weniger, so lala, einigermaßen 1
mayo *m.* Mai 4
mayonesa *w.* Mayonnaise 7
me mich, mir 2
mechero *m.* Feuerzeug 9
medianoche *w.* Mitternacht 3
medias *w./Mz.* Socken 11
medicamento *m.* Medikament 12
medicina *w.* Medizin 12
médico/-a *m./w.* Arzt/Ärztin 2
medio/-a *m./w.* halb (*z. B. bei der Uhrzeit*) 3
mediodía *m.* Mittag 3
medusa *w.* Qualle 12
mejor *m./w.* besser 3
mejorar besser werden 10
melocotón *m.* Pfirsich 11
melón *m.* Honigmelone 7
menestra de verduras *w.* Gemüseeintopf 7
menos weniger 1
mensaje *m.* Nachricht, SMS 8
mensual *m./w.* Monats-, monatlich 10
menta *w.* Minze 9
mercado *m.* Markt 10
merluza *w.* Seehecht 7
mermelada *w.* Marmelade 11
mesa *w.* Tisch 5
metro *m.* U-Bahn 3
mi mein/e 1
mí mir, mich (*betontes Personalpronomen*) 6
micrófono *m.* Mikrofon 8
miércoles *m.* Mittwoch 5
minuto *m.* Minute 3

mío/-a *m./w.* mein/e 5
¡Mira! Schau (mal)! 1
mirar (an)schauen 1
mismo selbst, genau 5
momento *m.* Moment, Augenblick 7
monasterio *m.* Kloster 10
montadito *m.* belegte Brotschnitte 7
morder beißen 12
mosquito *m.* Stechmücke 12
motivo *m.* Grund, Anlass 9
moto *m.* Motorrad 10
móvil *m.* Handy 8
muchas gracias vielen Dank 2
muchísimo/-a *m./w.* sehr viel 12
mucho/-a *m./w.* viel/e, sehr 1
mucho gusto sehr erfreut, angenehm 1
muela *w.* (Backen-)Zahn 12
mujer *w.* Frau, Ehefrau 1
municipal *m./w.* städtisch, Stadt- 10
museo *m.* Museum 6
música *w.* Musik 6
muy sehr 1

N

nación *w.* Nation 10
nacional *m./w.* national, National- 3
nada nichts 2
naranja *w.* Orange 7
natillas *w./Mz.* Cremedessert aus Milch, Eigelb und Zucker 7
náuseas *w./Mz.* Übelkeit 12
necesario/-a *m./w.* notwendig, nötig 12
necesitar brauchen, benötigen 8
negro/-a *m./w.* schwarz 8
nevar schneien 10
niebla *w.* Nebel 10
no nein, nicht 1
¡No se preocupe! Machen Sie sich keine Sorgen! 5
noche *w.* Nacht 1
nombre *m.* Name 2
norma *w.* Norm, Regel 9
normal *m./w.* normal 9
normalmente normalerweise 8
nos uns 1
nos vemos man sieht sich, wir sehen uns 1
nosotros/-as (para ~) wir (für uns) 3, 7
novela *w.* Roman 11
novela negra *w.* Krimi 11
noventa neunzig 4
novia *w.* (feste) Freundin 1
noviembre *m.* November 4
novio *m.* (fester) Freund 1
nublado/-a *m./w.* bewölkt 10
nuestro/-a *m./w.* unser/e 1
nueve neun 8
número *m.* Nummer, Schuhgröße 4, 11

O

o oder 1
obra *w.* Werk 6
ochenta achtzig 4
ocho acht 3
octubre *m.* Oktober 4
ocupado/-a *m./w.* beschäftigt, belegt 1, 5
oficina *w.* Büro 2
oficina de Correos *w.* Postamt 9
oficina de turismo *w.* Touristeninformation 3
ojo *m.* Auge 12
once elf 3
ópera *w.* Oper 6
operar operieren 12
operario/-a *m./w.* Arbeiter/in 2
ordenador *m.* Computer 8
otra vez noch einmal 8
otro/-a *m./w.* (ein/e) andere/r 3

P

padre *m.* Vater 2
padres *m./Mz.* Väter, Eltern 2
paella *w.* Paella (*Reisgericht*) 7
pagar (be)zahlen 5
país *m.* Land 10
palacio *m.* Palast 9
palillo (de dientes) *m.* Zahnstocher 7
pan *m.* Brot 7
panadería *w.* Bäckerei 11
panadero/-a *m./w.* Bäcker/in 11
pantalla *w.* Bildschirm 8
pantalón *m.* Hose 11
papel *m.* Papier 5
papel higiénico *m.* Toilettenpapier 5
paquete *m.* Paket, Päckchen (*z. B. Nudeln*) 9, 11
paquete pequeño *m.* Päckchen 9
para für, um (zu) 1
¡Para nada! Nicht doch! 11
parada *w.* Haltestelle 3
parada de autobús *w.* Bushaltestelle 3
parada de taxis *w.* Taxistand 3
parador *m.* Luxushotel (*in einem ehemaligen Schloss oder einer Burg*) 4
parar (an)halten 3
parcela *w.* Grundstück 5
parecer scheinen 7
parlamento *m.* Parlament 10
parque *m.* Park 10
pasaporte *m.* Reisepass 5
pasar vorbeigehen, geschehen, los sein 11
pasta *w.* Nudeln, Pasta 11
patata *w.* Kartoffel 7
paz *w.* Frieden 10
pecho *m.* Brust 12
pedir bestellen, bitten 7
película *w.* Film 6
pelo *m.* Haar 5
pensión *w.* Pension 4
pensionista *m./w.* Rentner/in 2
pepino *m.* Gurke 11
pequeño/-a *m./w.* klein 9
pera *w.* Birne 7
perder verlieren, verpassen 8, 10
¡Perdone! Verzeihen Sie! 2
perfecto/-a *m./w.* perfekt 8
periódico *m.* Zeitung 9
pero aber 2
perrito *m.* Hündchen 11
perro *m.* Hund 11
persona *w.* Person 4
pescadería *w.* Fischgeschäft 11
pescadero/-a *m./w.* Fischhändler/in 11

peso *m.* Peso (*Währung in vielen lateinamerikanischen Ländern*) 8
picante *m./w.* scharf 7
picar entwerten, stechen 3, 12
pie *m.* Fuß 3
pierna *w.* Bein 12
pimienta *w.* Pfeffer 7
pimiento *m.* Paprika 11
pimientos del piquillo *m./Mz.* geröstete Paprikaschoten (*oft gefüllt*) 7
pinchado/-a *m./w.* (está ~) gestochen (hat einen Platten) 10
pinchito *m.* Spießchen 7
piña *w.* Ananas 7
piso *m.* Stockwerk 5
pizzería *w.* Pizzeria 4
placer *m.* Vergnügen 1
planta baja *w.* Erdgeschoss 5
plato *m.* Gericht, Teller 7
playa *w.* Strand 4
plaza *w.* Platz 3
plaza de toros *w.* Stierkampfarena 10
pobre *m./w.* arm 1
¡Pobre! Armer (Teufel)! 1
poco wenig, bisschen 3
poder können, dürfen 3
polaco/-a *m./w.* polnisch, Pole/Polin 2
pollo *m.* Hühnerfleisch 7
Polonia *w.* Polen 2
poner setzen, stellen, legen, einstellen 11
ponerse al sol sich sonnen, sich in die Sonne legen 12
por durch, für, wegen 4
por avión mit Luftpost 9
¿Por cuánto tiempo? Für wie lange? 10
por favor bitte 3
por supuesto selbstverständlich 5
Portugal *m.* Portugal 2
postal *w.* Postkarte 9
postre *m.* Nachtisch 7
prado *m.* Wiese 4
precio *m.* Preis 5
preferir vorziehen, lieber mögen 6
prefijo *m.* Vorwahl 8
pregunta *w.* Frage 8
preguntar fragen 3
prensa *w.* Presse 11
preocuparse sich Sorgen machen 5
prepago *m.* Prepaid (*z. B. beim Handy*) 8
preparar vorbereiten 5
prescribir verschreiben 12
presentar a (jemanden) vorstellen 1
prima *w.* Cousine 1
primer, primero/-a *m./w.* erste/r 1
primero *m.* erster Gang 7
primeros auxilios *m./Mz.* Erste-Hilfe-Station 12
primo *m.* Cousin 1
probablemente wahrscheinlich (*Adverb*) 12
probador *m.* Umkleidekabine 11
probar (an)probieren 11
problema *m.* Problem 4
profesión *w.* Beruf 2
profesor/a *m./w.* Lehrer/in, Professor/in 2
profiterol *m.* Windbeutel 7
prometida *w.* Verlobte 1
prometido *m.* Verlobter 1
pronto bald, schnell 1
próximo/-a *m./w.* nächste/r 3
pub *m.* Bar, Kneipe 6
puente *m.* Brücke 6
puerta *w.* Tür 5
puerto *m.* Hafen 10
pues also, da, denn 6
puesto *m.* gesetzt, gestellt, gelegt 12
pulpitos *m./Mz.* kleine Tintenfische 7
pulsar drücken 9
¡Pulse! Drücken Sie! 9
puntito *m.* Pünktchen 4
punto *m.* Punkt (.) 8
puro *m.* Zigarre 9

Q

que welcher (*Relativpronomen*), dass (*Konjunktion*) 3, 10
¡Que aproveche! Guten Appetit! 7
¡Qué calor hace hoy! Wie heiß es heute ist! 10
¡Qué frío hace hoy! Wie kalt es heute ist! 10
¿Qué hora es? Wie viel Uhr ist es? 3
¿Qué le pasa? Was ist mit Ihnen los? 12
¿Qué tal? Wie geht's?, Wie geht's (dir) denn so? 1
¿Qué? Was?, Was für ein/e?, Welche/r? 1
quedar übrig bleiben, stehen (*Kleidung, Schuhe*) 9, 11
quedarse bleiben 5
quemar (ver)brennen 12
querer wollen, möchten 4
queso *m.* Käse 6
¿Quién? Wer? 1
quince fünfzehn 4
quinientos/-as *m./w./Mz.* fünfhundert 8
quiosco *m.* (*auch* quiosquero *m.*) (Zeitungs-)Kiosk 3, 11

R

radiografía *w.* Röntgen(-aufnahme) 12
raro/-a *m./w.* seltsam, *hier:* ungewöhnlich 12
ratón *m.* Maus 8
razón *w.* (tiene ~) Vernunft (Sie haben recht) 11
recarga *w.* Aufladen, Nachfüllung 8
recargar aufladen 8
recepción *w.* Rezeption 5
receta *w.* Rezept 12
recibir erhalten, bekommen 8
recibo *m.* Quittung 9
recomendar empfehlen 7
reconocer (an)erkennen 9
recto (todo ~) geradeaus 6
recuperar wieder haben, wieder erlangen 9
red *w.* Netz (*auch Internet*) 3
refresco *m.* Erfrischungsgetränk 6

regresar zurückgehen, zurückkehren 6
regular regulär, es geht so 1
relleno/-a *m./w.* gefüllt 7
remolque *m.* Wohnwagen 5
reparar reparieren 10
repetir wiederholen 4
reposo *m.* Ruhe 12
reproductor de MP3 *m.* MP3-Player 8
reserva *w.* Reservierung 5
reservar reservieren 4
resfriado *m.* Erkältung 12
respuesta *w.* Antwort 4
restaurante *m.* Restaurant 4
retirar entnehmen 9
¡Retire! Entnehmen Sie! 9
retraso *m.* Verspätung 3
revisor *m.* Schaffner 3
revista *w.* Zeitschrift 9
revuelto de setas *m.* Pilzeintopf 7
rey *m.* König 10
rock *m.* Rock(-musik) 6
rodilla *w.* Knie 12
rojo/-a *m./w.* rot 11
romántico/-a *m./w.* romantisch 6
romper brechen 12
rosa *m./w.* rosa 11
roto/-a *m./w.* kaputt, gebrochen, zerbrochen 10, 12

S

sábado *m.* Samstag 5
saber wissen, können 3
sacar herausnehmen, *hier:* abheben 9
sal *w.* Salz 7
sala *w.* Raum, Saal 3
sala de espera *w.* Wartesaal 3
salado/-a *m./w.* gesalzen, versalzen 7
saldo *m.* Guthaben, Saldo 8
salir abfahren, abreisen, auschecken, ausgehen, herauskommen 3
salmorejo *m.* gazpachoähnliche kalte Suppe aus Brotkrumen, Tomaten, Knoblauch, Öl und Essig, hart gekochten Eiern und rohem Schinken 7
salud *w.* Gesundheit 12
saludo *m.* Gruß 9
san, santo/-a *m./w.* heilig 10
sandía *w.* Wassermelone 7
sándwich *m.* Sandwich, belegtes Brötchen 6
sanitario/-a *m./w.* Gesundheits- 12
se sich, man 1, 4
secador de pelo *m.* Föhn 5
secar trocknen 5
secreto/-a *m./w.* geheim, heimlich 9
seguir folgen, fortfahren 6
segundo *m.* zweiter Gang 7
segundo/-a *m./w.* zweite/r 5
seguridad *w.* Sicherheit 9
seguro *m.* Versicherung 2
seguro/-a *m./w.* sicher 8
sello *m.* Briefmarke 9
semáforo *m.* Ampel 6
semana *w.* Woche 10
semanal *m./ w.* Wochen-, wöchentlich 10
sencillo/-a *m./w.* einfach 10
sentarse sich setzen 12
sentir fühlen 1
señor *m.* Herr ..., mein Herr 1
señora *w.* Frau ..., meine Dame 1
señores *m./Mz.* Herren, Herrschaften 1
señorita *w.* Fräulein 1
separado/-a *m./w.* getrennt 2
septiembre *m.* September 4
ser sein 1
serpiente *w.* Schlange 12
serranito *m.* Sandwich mit Serrano-Schinken u. a. 7
servilleta *w.* Serviette 7
servir (be)dienen, servieren 5
sesenta sechzig 4
seta *w.* Pilz 7
setenta siebzig 4
si ob, wenn 6
sí ja 2
siempre immer 10
¡Siéntese! Setzen Sie sich! 12
siesta *w.* Mittagspause 11
siguiente *m./w.* nächste/r 9
silla *w.* Stuhl 5
sillín *m.* Sitz 10
sin ohne 7
sitio *m.* Platz 5
sobre *m.* Kuvert 9
sol *m.* Sonne 10
solo nur 5
solo/-a *m./w.* alleine 2
somnífero *m.* Schlafmittel 12
sopa de picadillo *w.* Fleischbrühe mit Beilagen 7
su sein/e, ihr/e, Ihr/e 2
suceder passieren, geschehen 12
suerte *w.* Glück 2
suéter *m.* Sweater 11
suite *w.* Suite 4
Suiza *w.* Schweiz 2
suizo/-a *m./w.* schweizerisch, Schweizer/in 2
supermercado *m.* Supermarkt 2

T

taberna *w.* Gasthaus, Lokal 6
tablet *w.* Tablet(computer) 8
tacón *m.* Absatz *(Schuhe)* 11
talla *w.* Größe *(Kleidung)* 11
también auch 1
tan so 2
tanto so sehr, so viel 10
tapa *w.* kleines Häppchen, Deckel 6
tardar brauchen (*Zeit*) 6
tarde *w.* Nachmittag, Abend 1
tarifa *w.* Tarif 8
tarjeta *w.* Karte 3
tarjeta de crédito *w.* Kreditkarte 5
tarjeta de débito *w.* EC-Karte 9
tarjeta de teléfono *w.* Telefonkarte 8
tarjeta SIM SIM-Karte 8
tarjeta turística *w.* Touristenticket 3
tarrina *w.* Becher *(z. B. für Joghurt)* 11
tarro *m.* Glas (*z. B. für Marmelade*) 11
tarta *w.* Kuchen, Torte (*meist mit Obst belegt*) 7
tasca *w.* Gasthaus, Lokal 6

taxi *m.* Taxi 3
taxista *m.* Taxifahrer 10
taza *w.* Tasse 6
te dich, dir 2
té *m.* Tee 6
teatro *m.* Theater 6
teléfono *m.* Telefon 4
televisor *m.* Fernseher 5
temporada *w.* Jahreszeit, Saison 7
temporada alta *w.* Hauptsaison 4
temporada baja *w.* Vor-, Nach- und Nebensaison 4
tendero *m.* Lebensmittelgeschäft 11
tenedor *m.* Gabel 7
tener haben 2
tener que müssen 3
tensión *w.* (~ alta / ~ baja) Blutdruck (hoher/niedriger Blutdruck) 12
terreno *m.* Grundstück 5
ti dir, dich (*betontes Personalpronomen*) 7
tiempo *m.* Zeit, Wetter 5, 10
tienda *w.* Geschäft 2
tienda de alimentación *w.* Lebensmittelgeschäft 11
tienda de campaña *w.* Zelt 5
típico/-a *m./w.* typisch 7
tisana *w.* Kräutertee 6
título *m.* Titel 11
toalla *w.* Handtuch 5
tobillo *m.* Knöchel 12
tocar berühren, spielen *(Musik)* 11
todavía noch 5
todo/-a *m./w.* alles, ganz 6
tomar nehmen, trinken 6
tomate *m.* Tomate 7
torcer verstauchen 12
toro *m.* Stier 10
tortilla *w.* Tortilla (*Kartoffelomelette*) 7
tostada *w.* Toast, Toastsandwich 6
trabajar arbeiten 2
tradicional *m./w.* traditionell 6
traductor/-a *m./w.* Übersetzer/in 2
traer bringen 5
tranquilo/-a *m./w.* ruhig 5
transbordo *m.* Umsteigen 10
tranvía *w.* Straßenbahn 3
tratar de usted siezen 1
trece dreizehn 4
treinta dreißig 4
tren *m.* Zug 1
tres drei 3
trescientos/-as *m./w./Mz.* dreihundert 8
trozo *m.* Stück 11
trucha *w.* Forelle 7
tu dein/e 1
tú du 1
turco/-a *m./w.* türkisch, Türke/Türkin 2
turismo *m.* Tourismus 2
turístico/-a *m./w.* touristisch 3
Turquía *w.* Türkei 2
tutearse sich duzen 1

U

última parada *w.* Endhaltestelle 10
último/-a *m./w.* letzte/r 10
un *m.* ein 1
un placer sehr erfreut, angenehm 1
una *w.* eine 1
unión *w.* Union, Vereinigung 8
uno eins, einer 4
unos/unas *m./w./Mz.* einige 6
usar benutzen 8
usted/ustedes *Ez./Mz.* Sie 1
utilizar benutzen 8
uvas *w./Mz.* Trauben 11

V

¡Vale! *hier:* O.K.!, Gut!, Einverstanden! 8
¿Vale así? Recht so? 11
valer gelten, wert sein 8
válido/-a *m./w.* gültig 9
vaqueros *m./Mz.* Jeans 11
vaso *m.* Glas 5
váter *m.* Toilette 5
¡Vaya! Fahren Sie!, Gehen Sie!, Ach Mann! 10, 11
vegetariano/-a *m./w.* Vegetarier/in 7
veinte zwanzig 4
veintidós zweiundzwanzig 4
veintiuno einundzwanzig 4
vender verkaufen 9
venir kommen 2
ventana *w.* Fenster 5
ventanilla *w.* Schalter (*z. B. Bank, Post*) 9
ventilador *m.* Ventilator 5
ver sehen 1
verano *m.* Sommer 9
verdad *w.* Wahrheit 2
¿Verdad? Nicht wahr? 2
verde *m./w.* grün 10
verdulería *w.* Gemüsegeschäft 11
verdura *w.* Gemüse 7
vestido *m.* Kleid 11
vez *w.* Mal 10
vía *w.* Weg 10
viaje *m.* Reise 1
viento *m.* Wind 10
viernes *m.* Freitag 5
vinagre *m.* Essig 7
vino *m.* Wein 6
vino blanco *m.* Weißwein 6
vino rosado *m.* Rosé(wein) 6
vino tinto *m.* Rotwein 6
visitar besuchen 6
vista *w.* Anblick, Ausblick 5
visto gesehen 12
viuda *w.* Witwe 2
viudo *m.* Witwer 2
vivir leben, wohnen 2
vosotros/-as *m./w.* ihr (*Subjektpronomen*) 6
vuelta *w.* (dar la ~) Drehung, Runde (umkehren) 6

W

wifi *m.* WLAN 8

Y

y und 1
ya schon 9
¡Ya está! Es ist schon soweit!, Das reicht! 10, 11
yo ich 1
yogur *m.* Joghurt 11

Z

zapato *m.* Schuh 11
zoológico *m.* Zoo 10
zumo *m.* Saft 6

Quellenverzeichnis

Cover: © Getty Images/E+/MStudioImages
S. 4: © Getty Images/iStock/Antagain
S. 6: beide Fotos © Hueber Verlag-Archiv
S. 7: © Thinkstock/iStock/DMEPhotography
S. 8/9: © Thinkstock/iStock/bluejayphoto
S. 10: © Thinkstock/iStock/JackF
S. 11: © Thinkstock/iStock/Lauradibiase
S. 12: © fotolia/Anton Gvozdikov
S. 13: von oben © Getty Images/Cultura, © PantherMedia/jcbprod
S. 14: von oben © Thinkstock/iStock/anyaberkut, © Thinkstock/iStock/Ryszard Stelmachowicz
S. 15: © iStock/peepo
S. 16/17: © Thinkstock/iStock/LucVi
S. 18/19: © Thinkstock/iStock/Alex
S. 20: © Thinkstock/iStock/IndigoLT
S. 21: von oben © Thinkstock/iStock/monkeybusiness-images, © Thinkstock/iStock/monkeybusinessimages
S. 22: von oben © Thinkstock/iStock/joyt, © Thinkstock/iStock/Goodluz
S. 23: © www.cartomedia-karlsruhe.de
S. 24/25: © Thinkstock/iStock/sorincolac
S. 26/27: © Thinkstock/iStock/on chica parada
S. 28: © Thinkstock/iStock/AlbertoLoyo
S. 29: von oben © Guido Meier, © fotolia/Gerhard Reus
S. 30: © iStockphoto/jasantiso
S. 31: © Getty Images/E+/andresr
S. 32/33: © Thinkstock/iStock/LucVi
S. 34/35: © Thinkstock/iStock/Lukasz Janyst
S. 36: © PantherMedia/Sarnade
S. 37: von links © iStock/hatman12, © iStock/slava296
S. 38: © fotolia/Frankwalker.de
S. 39: © Thinkstock/iStock/rilueda
S. 40/41: © Thinkstock/iStock/Alex
S. 42/43: © Thinkstock/iStock/SeanPavonePhoto
S. 44: © Guido Meier, München
S. 45: von oben © iStock/leewalton, © iStockphoto/vanbeets
S. 46: von oben © Thinkstock/iStock/Freeartist, © Thinkstock/iStock/itsajoop
S. 47: © Thinkstock/iStock/DisobeyArt
S. 48: © Thinkstock/iStock/croreja
S. 49: © Thinkstock/iStock/jacoblund
S. 50: © Thinkstock/iStock/Grosescu Alberto Mihai
S. 51: © Thinkstock/iStock/oneinchpunch
S. 52: © Guido Meier, München
S. 53: von oben © Thinkstock/iStock/flyfloor, © Guido Meier, München
S. 54: von oben © fotolia/carballo, © Thinkstock/iStock/jarcosa
S. 57: © Thinkstock/iStock/etorres69
S. 58: © Getty Images/iStock/pkazmierczak
S. 59: © Thinkstock/iStock/LUNAMARINA
S. 60/61: © Thinkstock/iStock/JackF
S. 62: © Guido Meier
S. 63: von oben © iStockphoto/ene; © fotolia/Monkey Business
S. 64: von oben © Thinkstock/iStock/photooiasson, © iStockphoto/Marlee90
S. 65: © Thinkstock/iStock/AntonioGuillem
S. 66: © Thinkstock/iStock/Sergdid
S. 67: © Thinkstock/iStock/Merlas
S. 68: © Thinkstock/iStock/abbelito
S. 69: © Thinkstock/iStock/Poike
S. 70: © Thinkstock/iStock/santypan
S. 71: von links © Thinkstock/iStock/SolisImages, © iStockphoto/airportrait
S. 72: von links © fotolia/David Hughes, © Thinkstock/iStock/rglinsky
S. 73: links oben © fotolia/Onkelchen; links unten © fotolia/Jose Hernaiz; rechts © fotolia/sbego
S. 74: © Thinkstock/iStock/lavendertime
S. 75: © Thinkstock/iStock/utah778
S. 76: © Thinkstock/iStock/venemama
S. 77: © Thinkstock/iStock/Jovanmandic
S. 78: © Thinkstock/iStock/Jovanmandic
S. 79: von oben © Guido Meier, © Thinkstock/iStock/puhhha
S. 80: © iStockphoto/Ingenui
S. 81: oben von links © fotolia/DOMINIQUE MARIOTTI, © Getty Images/E+/Imgorthand; unten von links © Thinkstock/iStock/bernardbodo, © Getty Images/E+/stock_colors, © Thinkstock/iStock/bbsferrari
S. 82/83: © Getty Images/iStock/BreatheFitness
S. 84: © Getty Images/E+/Saro17
S. 85: © Getty Images/DigitalVision/Morsa Images
S. 86: © Guido Meier
S. 87: von oben © fotolia/xahara, © Guido Meier
S. 88: © fotolia/Irina Fischer
S. 89: © Getty Images/iStock/traumschoen
S. 90: © Getty Images/iStock/robvanhal
S. 91: © Getty Images/E+/Imgorthand
S. 92: © Getty Images/iStock/AndresGarciaM
S. 93: © Getty Images/E+/Tempura
S. 94: © iStockphoto/Alfsky
S. 95: von links © Getty Images/iStock/Nikada, © Getty Images/iStock/Tempura

S. 96: © fotolia/lbfotomotor
S. 97: © Getty Images/iStock/Massimo Merlini
S. 98: © Getty Images/iStock/_ultraforma_
S. 99: © Getty Images/iStock/Wavebreak
S. 100: © Getty Images/iStock/Perseomed
S. 101: © Getty Images/E+/xavierarnau
S. 102: © Getty Images/iStock/ahau1969
S. 103: von oben © Thinkstock/iStock/avi_indy, © Thinkstock/iStock/mangostock
S. 104: von oben © Thinkstock/iStock/WilshireImages, © Thinkstock/iStock/Belyay

Bildredaktion: Cornelia Hellenschmidt, Hueber Verlag, München

Inhalt des MP3-Downloads zum Buch:

Sprecher: Carlos Aparicio, Neus Carbó, Covadonga Jiménez, Enrique Ugarte
Produktion: Tonstudio Langer, 85375 Neufahrn, Deutschland

Notizen